传承与发展

建设中华民族现代文明

中央党校（国家行政学院）
中华文明与中国道路研究中心 编著

人民出版社

策　　划:辛广伟

责任编辑:洪　琼

装帧设计:石笑梦

图书在版编目(CIP)数据

传承与发展:建设中华民族现代文明/中央党校(国家行政
　学院)中华文明与中国道路研究中心 编著. —北京:
　人民出版社,2023.11
ISBN 978 - 7 - 01 - 026019 - 8

　Ⅰ.①传… 　Ⅱ.①中… 　Ⅲ.①中华文化-文化发展-
　研究 　Ⅳ.①G12

中国国家版本馆 CIP 数据核字(2023)第 194244 号

传承与发展

CHUANCHENG YU FAZHAN

——建设中华民族现代文明

中央党校(国家行政学院)中华文明与中国道路研究中心　编著

人民出版社 出版发行

(100706　北京市东城区隆福寺街 99 号)

北京中科印刷有限公司印刷　新华书店经销

2023 年 11 月第 1 版　2023 年 11 月北京第 1 次印刷
开本:880 毫米×1230 毫米 1/32　印张:6.75
字数:200 千字

ISBN 978 - 7 - 01 - 026019 - 8　定价:49.80 元

邮购地址 100706　北京市东城区隆福寺街 99 号
人民东方图书销售中心　电话 (010)65250042　65289539

前　言

　　文化是一个国家、一个民族的灵魂。文化兴国运兴，文化强民族强。中华民族是伟大的民族，中华文明是伟大的文明，是世界上唯一绵延不断且以国家形态发展至今的伟大文明，有着五千多年源远流长光辉灿烂的历史，为人类文明进步作出了不可磨灭的贡献。1840 年鸦片战争以后，中国逐步成为半殖民地半封建社会，国家蒙辱、人民蒙难、文明蒙尘，中华民族遭受了前所未有的劫难。中华民族是一个有志气的民族，实现民族复兴和文明复兴始终是中国人民矢志不渝的伟大梦想。

　　中国共产党作为新文化运动的产儿，接受了马克思主义，也接过了文化启蒙与文化革命旗帜，领导人民大众进行反帝反封建的新民主主义文化革命。经过新中国成立后的长期文化实践与探索，在吸取文化建设的经验与教训的基础上，特别是在改革开放后开拓进取的文化实践基础上，我们党终于走出了一条中国特色社会主义文化发展道路，形成了中华文化的现代形态——中国特色社会主义文化。中国特色社会主义文化，源自于中华民族五千多年文明历史所孕育的中华优秀传统文化，熔铸于党领导人民在革命、建设、改革中创造的革命文化和社会主义先进文化，植根于中国特色社会主义伟大实践，将中华优秀传统文化、革命文化与社会主义先进文化内在贯通、相互融合，保持了历史连续性与动态发展格局，体现了"不忘本来，吸收外来，面向未来"的文化精神，代表了中华民族的文化自信与文明意识的觉醒。中国共产党的百年史，是波澜壮阔的民族觉醒史、奋斗史与复兴史，是党领导人民并始终与人民一起书写的文明更新史。在中华文明至暗时刻，中国共产党以"周虽旧邦，其命维新"的精神，领导人民走向文化变革与文明更新道路，取得了辉煌的文化成就。

党的十八大以来，习近平总书记关于中国道路的"四个走出来"、关于中国特色的"四个讲清楚"、关于"没有中华五千年文明，哪里有什么中国特色"、关于马克思主义中国化的"两个结合"等一系列论述，有力推动了中华民族的文化自信与文明觉醒。习近平新时代中国特色社会主义思想，就是马克思主义基本原理同中国具体实际相结合、同中华优秀传统文化相结合的伟大文化成果，是文化主体性的最有力体现，是对中国特色社会主义道路的文明根源与文明意义的理论觉醒，是建党百年马克思主义新文明观的历史总结。

正因为中国共产党具有"文明蒙尘"的历史意识，始终不忘文明复兴的历史使命，坚持自力更生与文化自信，坚持"两个结合"，才可能坚持和发展中国特色社会主义，开辟中国式现代化新道路，创造既不同于西方也不同于传统的人类文明新形态。中国式现代化是中华民族的旧邦新命，必将推动中华文明重焕荣光。对历史最好的继承就是创造新的历史，对人类文明最大的礼敬就是创造人类文明新形态。新时代的文化工作者必须担当勇担使命、奋发有为，不断巩固发展我们的文化主体性，实现精神上的独立自主，共同努力创造属于我们这个时代的新文化，建设中华民族现代文明！

为帮助广大的党员干部学习贯彻习近平文化思想，自觉担负起新的文化使命，努力建设中华民族现代文明，中央党校（国家行政学院）中华文明与中国道路研究中心组织编写了《传承与发展——建设中华民族现代文明》一书。其中，王学斌教授负责第一章，何青翰博士负责第二章，田嵩燕教授、李媛媛教授、林雅华教授负责第三章，张城副教授负责第四章。书中的疏漏和不足之处，恳请读者朋友们指正。

中央党校（国家行政学院）中华文明与

中国道路研究中心编写组

2023 年 10 月

目　录

深刻把握中华文明的五大突出特性

在 2023 年 6 月 2 日召开的文化传承发展座谈会上，习近平总书记总结了中华文明的五大突出特性。第一，中华文明具有突出的连续性，从根本上决定了中华民族必然走自己的路。如果不从源远流长的历史连续性来认识中国，就不可能理解古代中国，也不可能理解现代中国，更不可能理解未来中国。第二，中华文明具有突出的创新性，从根本上决定了中华民族守正不守旧、尊古不复古的进取精神，决定了中华民族不惧新挑战、勇于接受新事物的无畏品格。第三，中华文明具有突出的统一性，从根本上决定了中华民族各民族文化融为一体、即使遭遇重大挫折也牢固凝聚，决定了国土不可分、国家不可乱、民族不可散、文明不可断的共同信念，决定了国家统一永远是中国核心利益的核心，决定了一个坚强统一的国家是各族人民的命运所系。第四，中华文明具有突出的包容性，从根本上决定了中华民族交往交流交融的历史取向，决定了中国各宗教信仰多元并存的和谐格局，决定了中华文化对世界文明兼收并蓄的开放胸怀。第五，中华文明具有突出的和平性，从根本上决定了中国始终是世界和平的建设者、全球发展的贡献者、国际秩序的维护者，决定了中国不断追求文明交流互鉴而不搞文化霸权，决定了中国不会把自己的价值观念与政治体制强加于人，决定了中国坚持合作、不搞对抗，决不搞"党同伐异"的小圈子。

一、连续性：必然走自己的路

"突出的连续性"居于中华文明五大特性之首，从根本上决定了中华民族必然走自己的路。突出的连续性既意味着文明一脉相承、未曾断裂，是中华文明最为鲜明且基础的特质，也构成了我们界定自身文明绵延五千多年的标准说法。但知其然未必知其所以然，诚如刘庆柱先生所言："这'不断裂'是指作为同一个国家而言，其国民的人类遗传基因与国家文化基因两个方面的历史一直延续不断、世代传承。"此观点虽未必全面，但可贵之处在于揭示出中华文明的连续性并非仅指线性维度上的连绵不绝，实际上其具有极为广泛而深刻的内涵；同时我们须清楚五大突出特性间不是平面区隔的机械并列，而是立体有机的特性网络，需要从整体上来把握，进而厘清其内在逻辑。倘遵循文明自我生成与发展的脉络，依照由表及里的次序，中华文明突出的连续性大致可从以下四个层面加以理解。

1. 中华文明突出的连续性基于独特的地理气候。

毫无疑问，目前学界有关"文明"的定义不胜枚举。如果采取较为中性的原则，"文明"大致可概括为某一特定的人类集群，或者指该人群所特有的生活方式，该集群须基于相同或相似的价值观和社会政治文化认同方可长期共存。任何一种文明的诞生与发展，及其自身特质的形成，都必须依托一定的地理空间和气候条件。就目前研究的共识，中华文明的起源呈"满天星斗"之态势，且通过裂变、撞击和融合等三种形式将火种遍布华夏大地。

当然，中华文明的起源并非无主峰可指，其关键区域，是中原地区。在从中原到北方再折返到中原这一条文化连接带上，中原文化因空间上处在中心位置，连接南北，交通东西，内向融汇，外向输出，时间上从孕育到成熟的重要阶段都保持有相当规模强大的文化形态，就像黄河上的中流砥柱，在周边文化聚散兴衰中仿佛定海神针一般。这一区域的文明特色和文明因素不仅成为中华文明的典型代表，而且在中华历史的发展中代代相传，成为中华文明的主根主脉。因此，严文明先生将中华文明多元一体的发展进一步阐释为以中原为核心的"重瓣花朵"模式，中原是花心，围绕花心是甘青、辽河、山东、长江流域等第二层花瓣，再向外是第三层。

中原文明之所以能够引领彼时多种文化形态，且发挥了将多元的文明凝聚成一个整体的团和作用，与其独特地理气候密切相关。远古时期，中原地貌多为稀疏草原，迥异于南美洲或东南亚的茂密热带雨林，及中南非洲大片沙漠的状况。正基于此，中原地理格局主要覆盖低矮植被，先民只需采用较为简易的石器、骨器或木制工具，便能进行地表清除，极有利于对野生动植物进行驯化与种植。

农业便远在距今一万年前诞生于此。同时，中原地区的气候条件也颇为独特。这片辽阔的平坦区域，在远古年均降水量有 600—900 毫米。这一总体上挑战性适度的自然环境，颇符合英国学者汤因比的文明史观点。举目整个欧亚大陆，中华文明也颇占优势。一方面，西北的戈壁与山脉将其他族群隔绝在外，东面的滔滔大海在当时是任何外族不可跨越的天堑，于是中原大概率不会面临类似古埃及、希腊、两河流域那样的频繁战乱。另一方面，不光是黄河流域，中国境内的长江、淮河、海河、珠江、辽河、松花江等流域间并不明显阻隔，只要技术条件允许，可以实现内部互通，这种能进能退的纵深格局为文明的延续和交融预留了其他文明不可企及的弹性空间。由此可知，中华文明的发展体现出始终既葆有各地区自身特色，又能在小异之上颇见大同之复杂情形。这种地理条件不仅对于出现先进生产力极为有利，同时对于华夏大地社会、政治与文化的整合也十分有利，使得华夏以中原为枢纽，早早就实现了政治统一，促使国家与社会治理早早达到了较高水准。

2. 中华文明突出的连续性立足稳定的空间规模。

正基于文明的早熟与政治统一的实现，从五帝时代单一制的邦国到夏商周三代多元一体复合制的王朝国家，再到秦汉至明清的以郡县制为机制的"中央—郡县"一元化的统一的多民族国家，中国于距今数千年前就奠定了疆域的基本规模，这就为中华文明的稳中有变、改易更新提供了至为关键的空间保障。同时，纵观五千多年中国史，较为明确的疆域规模也孕育了非常鲜明的治国理念"大一统"思想。《楚辞·天问》有云："焉有虬龙，负熊以游"，炎族的图腾龙背负黄族的图腾熊出行，说明两族已高度融合。进入商周时代，礼乐文明逐渐发达，这为大一统思想的孕育奠定了必要的文化基础，《诗经》里面所宣扬的"溥天之下，莫非王土；率土之滨，莫非王臣"即最生动的体现。降至春秋战国，周王室衰落，礼坏乐崩，诸侯林立，天下苦乱久矣，反而催生了大一统思想的发展。《公羊传》曰"何言乎王正月？大一统也"，这是"大一统"三字的最早出处。大，意指尊崇；大一统，即尊崇一统。后来儒家几位重要思想家皆接续该理念，如孔子盛赞齐桓公和管仲"一匡天下"，孟子力主"天下定于一"，荀子追求"天下为一，诸侯为臣，通达之属，莫不振动从服以化顺之"，都是在倡导一统天下的主张。最终，由崇尚法治的秦国完成了统一大业，秦始皇废分封、设郡县，书同文、车同轨，为两千多年的中央集权确立了新的政治制度基础——官僚制与郡县制。

汉武帝时，大儒董仲舒提出了"大一统"的政治理念："《春秋》大一统者，天地之常经，古今之通谊也……诸不在六艺之科孔子之术者，皆绝其道，勿使并进。邪辟之说灭息，然后统纪可一而法度可明，民知所从矣。"自此以后，"大一统"被正式纳入汉代构建王朝治理的实践后，对于我国多民族国家的形成产生了非常重要的影响，可以说历朝无一不将之贯通于治道的因革损益与治术的进退消长之中。在中原民族与边疆民族经过反复的双向碰撞和互动中，大一统思想不断被赋予了新内涵。文明江河川流不息，大一统贯穿始终，延续不辍，代有递嬗。虽然具体的国家制度不断更迭，但是藏于背后的精神内核之一的大一统思想却不曾消逝，这是我们维系和理解文明连续性的古代制度遗产依据。

要之，大一统理念早已跃出政治实体视域，上升为一种价值观念、意识形态乃至中华民族共有的历史记忆，内化为中华民族内心强大的文化信仰和政治使命，"它是一种理想，一种自民族、国家实体升华了的境界"。正如一些学者所指出的，中国国家转型的连续性，是由中国的不断变化的地缘格局和自身的各种财政、军事和政治资源的相互作用所构成的原动力，恰说明中国自身的疆域规模与发展体量极大，历史惯性极强，不是所谓西方理论模式所能解释得通的。

3. 中华文明突出的连续性凭依厚重的文化支撑。

一种文明得以从不断裂，历久弥新，其中决定连续性的深层次原因必与既有的文化密切相关。正如习近平总书记在 2023 年 7 月 6 日苏州考察时所指出的，中华优秀传统文化代代相传，表现出的韧性、耐心、定力，是中华民族精神的一部分。其中最核心的内容已经成为中华民族最基本的文化基因。换言之，正是中华优秀传统文化有很多重要元素——中国文化基因，共同塑造出中华文明的突出特性。那么，何谓中国文化基因？是指保证中华文明绵延五千多年不曾断裂、屡经冲击嬗变不脱底色、固本培元且又与时俱进、开放包容乐与他者交流的基本文化因素。

中国文化基因的形塑凝聚，凭借的是漫长文明演进中思想文化积累。从先秦子学、两汉经学、魏晋玄学，到隋唐佛学、儒释道合流、宋明理学，中华文明经历了数个学术思想繁荣时期。在漫漫历史长河中，中华民族产生了儒、释、道、墨、名、法、阴阳、农、杂、兵等各家学说，涌现了老子、孔子、庄子、孟子、荀子、韩非子、董仲舒、王充、何晏、王弼、韩愈、周敦颐、程颢、程颐、朱熹、陆九渊、王守仁、李贽、黄宗羲、顾炎武、王夫之、康有为、梁启超、孙中山、鲁迅等一大批思想大家，留下了浩如烟海的文化遗产。中国古代大量鸿篇巨制中包含着丰富的哲学社会科学内容、治国理政智慧。比如亲仁善邻、协和万邦是中华文明一贯的处世之道，惠民利民、安民富民是中华文明鲜明的价值导向，革故鼎新、与时俱进是中华文明永恒的精神气质，道法自然、天人合一是中华文明内在的生存理念。这构成了古人认识世界、改造世界的重要依据，也为中华文明提供了重要内容，为人类文明作出了重大贡献。

尚需措意的是，诸多中国文化基因并非单一发生作用，而是在彼此交融中形成合力。无论是伟大的民族精神，还是在新时代所铸就的中国精神，都涵括着多方面的中国文化基因。任何一种精神力量的诞生，皆由多种文化基因共同构成，且彼此间有机地合为一体。这也就是为什么习近平总书记强调"要深入研究中华文明、中华文化的起源和特质，形成较为完整的中国文化基因的理念体系"的原因。诸多本质不变而内容常新的文化基因构筑了中华民族世世代代所认同的中华优秀传统文化精华和人民群众日用而不觉的共同价值观念，中国人的信仰体系与精神世界因之愈益牢固、世代传承。

4. 中华文明突出的连续性厚植深沉的历史精神。

许倬云先生认为，"中国文化真正值得引以为荣处，乃在于有容纳之量与消化之功。"此精辟之论可谓揭示出中华文明之博大气象与宏阔格局。同样，面对异质文明与文化，世界上有的文明体可以容纳而不能消化，于是在反复磨合甚至痛苦挣扎后，最终无法将其化为自身文明的一部分，只得选择厌弃；有的文明体可以消化而不能容纳，于是双方在初次接触时，便带着文明的偏见，垒起了文明的高墙，产生了文明的隔阂，于是在彼此不解甚至互相抵牾中，始终无法进行有效有益的交流互鉴，只得不欢而散。中华文明恰恰既可容纳，又能消化，于长时段的持续融合中，以文明交流超越文明隔阂、文明互鉴超越文明冲突、文明包容超越文明优越，这种不带成见且处于进行时的"超越"，亦是连续性的一种体现。

中华文明最内核的构成，当是浓厚的家国情怀与深沉不变的历史意识，这为中华民族积淀了不可或缺的人心根基，成为我们民族即使遭遇无数困厄终能走向复兴的精神支撑，亦彰显了中华文明生生不已的文化主体性。其中，历史意识尤为值得注意。从某种意义上审视，中华民族是一个"历史的民族"，特别重视对自身历史的传承与借鉴，历史意识与历史思维极为强烈。所谓历史意识，即人类在绵延的历史过程中，将自身的存在依赖于历史，且自身受到历史委托的一种自觉，并在这一过程中追问人类存在的意义，甚至追问历史过程中本身的意义。愈是久远厚重的历史积淀，愈能激发强烈高远的历史意识。习近平总书记曾指出："重视历史、研究历史、借鉴历史是中华民族五千多年文明史的一个优良传统。"自古至今，中华民族历来视历史为人文科学研究的最基本学问，并将其作为无数人生经验的总体记录和整体检讨。如此，中国人的历史意识便赋予了时间以新意义，即历史上之过去、现在与未来，并非仅是已发与未发的关系。在中国史家心中，"过去"并未真正过去，"现在"并非只停在眼前，"未来"或许早已到来。

换言之，中华民族独特的历史意识使得"时间"既拥有了一种连续性，又内聚而生了一种特殊性，这也是西汉史家司马迁把"究天人之际，通古今之变"悬结为心中至高目标之缘由所在。这提示我们：倘若不了解过去五千多年的文明进程，又谈何把握今日之中国？由此可知，中华民族通过持续不懈的历史书写，赋予了本来单纯时间维度的中国历史无尽的政治和人文意义。赋予意义，既是记录历史，又是解释历史，更是在创造历史。唯此反复不断地盘问与追问历史的过程中，伴随着自身文明饱经岁月检验而屡试不爽的容纳之量与消化之功，中华民族笃定地认为历史是一种远从"过去"透过"现在"而直达"将来"的，历史意识久久的持续深化，即创生出中华民族独特的历史精神，一种于绵延永恒中求日新月异，于日新月异中觅绵延永恒的辩证精神，一种惯于且善于在现实中发现问题，又转身到历史中寻找答案的资鉴精神。习近平总书记多次强调："当代中国是历史中国的延续和发展。新时代坚持和发展中国特色社会主义，更加需要系统研究中国历史和文化，更加需要深刻把握人类发展历史规律，在对历史的深入思考中汲取智慧、走向未来"；"没有从五千多年文明史的角度来看中国，这样就难以真正理解中国的过去、现在、未来"，其深意即在于此，深刻把握中华民族的历史精神便能体悟到我们为什么必然在今日依然坚定地走自己的路。这是把握中国之所以为中国，历史连续性为何源远流长，为何只有中国共产党可以承担实现中华民族伟大复兴重任的关键理据。

"如果不从源远流长的历史连续性来认识中国，就不可能理解古代中国，也不可能理解现代中国，更不可能理解未来中国。"正是基于独特的地理气候、立足稳定的空间规模、凭依厚重的文化支撑和厚植深沉的历史精神，中华文明方可如万古江河，从一线清溪渐成澎湃巨浪，时而静水流深、波澜不惊，时而奔腾浩荡、沛然莫御，终汇成一个超大型且具备鲜明连续性的文明实体。

二、创新性：进取精神与无畏品格

习近平总书记指出，中华文明突出的创新性"从根本上决定了中华民族守正不守旧、尊古不复古的进取精神"。众所周知，中华文明是一种具备原生性、独立性且自成体系的文明。在数千年的文明绵延中，中华民族逐渐形成了一套注重连续、变化、关联、系统的宇宙观念。该观点强调宇宙万物彼此依存、相互联系，这也提示我们在理解突出的创新性时，应当秉持有机整体的视野。

1. "守正不守旧、尊古不复古"与传统中国"变化生生"的宇宙观、"与天地参"的思想息息相关。

与西方不同，中华文明形塑了"变化生生"的宇宙观，这在《易经》里面体现得最为透彻鲜明。《系辞传》有云："易穷则变，变则通，通则久。"正因为整个宇宙变动不居，上下无常，于是先贤主张"唯变所适"。既然不断地变化、持续地转化是宇宙之基调，那么意味着世间一切都处在变易不息的大流中。申言之，变易是存在的基本形式，存在就是流动和变革，那么人类不可能制定僵化刻板的所谓永恒法则，必须适时而变，与时偕行。当然，这种变化并非漫无边际、随机无序的，实自有其主峰可观、大脉可循，即"生生"。《系辞》中讲："天地之大德曰生"，"富有之谓大业，日新之谓盛德，生生之谓易"。明确强调在大化流行的寰宇内，充满了创新创造的活力，必定会孕育新的东西。以此角度再审视《大学》中"苟日新，日日新，又日新"一句，便不难体悟到生生赋予了变易和创新至为深刻的意涵。所以，"天行健"激发了万物生生不已，作为人类必定要"自强不息"。

既然世界一切俱在迁流创化中日新月异、新陈代谢，那么作为万物之灵的人，自当效法天地，刚健有为、不断进取。此精神与中华文明是世界唯一没有创世神话的特质有关，中国人向来认为无论宇宙抑或人类，不是出自造物主，而是自生自化的。基于此，作为世界构成的一部分，"人受天地之中以生"，绝不是可有可无的摆设，而是极其重要的主体，"人最为天下贵"。于是乎，中华文明将人与天、地视为"三才"，人能够参与天地化育、参与大化流行，进而天人可以相感、相通，天人务必达致合一，终确认了人作为文明延续更新的主体性地位。同时，这种参赞化育的创新又须掌握一定的路径、分寸、火候与程度。《中庸》有言："中也者，天下之大本也；和也者，天下之达道也。致中和，天地位焉，万物育焉。"说明古人认识到，宇宙运动变化并非单一线性模式，万事万物实处在相互矛盾又彼此统一的复杂状态，要把握其内在规律须"执中"，即一种系统性、整体性、立体性的思维方式。"执中"的同时，还要"守和"。这意味在承认万物存在差异的前提下，在具体创新过程中，要注重各种矛盾关系当如何配合、联合以至结合，从而经过一次次先因后创、沿革损益，形成新的有机的统一体。可知，"致中和"奠定了中华文明突出的创新性的方法论基础。

2. "守正不守旧、尊古不复古"彰显了中华民族在面对守常与处变时的中庸性格，在处理除旧与布新时的高明智慧。

具体而言，中华民族突出的创新性是与连续性融为一体、须臾不分的。创新与创造，绝非全面否定历史式的推倒重来，而是意在尊重传统前提下的自我更新。立足世界历史的角度，中国毫无疑问属于一种文明实体，因此德国学者卡尔·雅斯贝斯将中华文明列入世界三大轴心文明之一。虽然轴心时代距今已远，但人类直到今日仍还在该时代产生的基本范畴中思考，也还依赖其产生的信仰生活。实现自身文明的复兴，便成为贯穿人类历史的普遍事件，轴心时代之后的每一次人类社会的大变革都要回顾轴心时代，从中获得灵感与启示。在中国，类似的复兴图景大致已发生过三次：第一次是秦汉时期，它是对轴心时代思想的整合重构；第二次是隋唐时期，它将中国和印度两大轴心文明的主要思想融合起来；第三次是宋明时期，它在借鉴其他文明（佛教）思想的基础上，再次确认了轴心时代的本土核心价值，重振了轴心时代的中国精神。这种回溯传统的方式，以尊重古贤、尊敬古典、尊崇古意的反复追问与反思，完成了温故知新、融旧于新乃至革故鼎新、涤旧荡新的变革，从而实现了代表中华文明智慧结晶的诸多文化基因（如天下为公、天下大同的社会理想，民为邦本、为政以德的治理思想，九州共贯、多元一体的大一统传统，修齐治平、兴亡有责的家国情怀，厚德载物、明德弘道的精神追求，富民厚生、义利兼顾的经济伦理，天人合一、万物并育的生态理念，实事求是、知行合一的哲学思想，执两用中、守中致和的思维方法，讲信修睦、亲仁善邻的交往之道等）一直延续不断、世代传承，并凝聚成理念体系，保证我们的文明绵延五千多年不曾断裂、屡经递嬗侵袭而不改本质、固本培元且又与时俱进，内生出包罗万象、胸怀天下之恢宏格局。

总体而言，中华文明所一向主张的创新性理念，其预设前提是以故为基、汲古向前的，没有传承与积淀，绝无开拓之可能；没有无数次面临灾厄时的返回式追问，绝难生发出面对前方未知的破局勇气与坚毅底气。换言之，五千多载的连续性，恰是文明得以创新创造的最大凭依，这亦是我们中华民族如此笃信返本开新等宗旨的缘由所在，更是我们对待自身文明的"辩证法"。党的二十大报告中所提炼出的"六个必须坚持"之一的"守正创新"，其理论渊源就蕴含着中华文明的传统智慧。

3. 中国古代处理危机的智慧蕴含着丰富的创新性因素。

在传统语境里，"危机"一词，蕴含着丰富的创新性因素。"危"字意味着危险，而"机"则让人想到机会，这两个字看似意义相对，却被组合在一起，体现出一种辩证的思维。"危机"的重点在"机"字上，但这里"机"字不是表机遇、机会，它是"几"的通假字。"危机"一词最早写作"危几"，"危"字从古至今意义没有太大变化，就是危险、危难，而"几"字可以通过《周易·系辞下》中的一段话来理解："知几，其神乎！君子上交不谄，下交不渎，其知几乎！几者，动之微，吉凶之先见者也。君子见几而作，不俟终日。"意思是说真正具有很高格局和见识的人，会在事情萌发阶段就预知和判断，作出正确的应对决策。从"动之微"可看出，"几"表示很渺小、不易察觉的苗头和趋势。所以，"危几"一词最早是指祸患或灾难在萌芽状态。后来"几"与"机"通假，

"危几"写作"危机","机"又有表机会、机遇的义项,"危机"一词在使用中就出现了辩证的意味。这种词汇内涵的变迁与丰富无疑提示我们"危"与"机"总是并存的,要善于在危中寻机、化危为机。

"危几"这个词对我们当今的启发,就是要有居安思危、未雨绸缪、见微知著、主动应对的忧患意识。也就是说,我们目前面对的挑战,有看得见的,也有看不见的,这体现的就是"危几"一词的本义。因此,古人"察几知微"的智慧对我们今天的启发在于,要化危难为机遇,很重要的一点是要把问题化解在萌芽之时、成灾之前,务必保持战战兢兢,时刻清醒的状态。

当然,"危机"一词最早虽然没有辩证之意,但危中寻机的理念与智慧很早就有了。西汉政论家贾谊在《新书·铜布》中说:"故善为天下者,因祸而为福,转败而为功。"唐代韩云卿在《平蛮颂序》中有:"化险阻为夷途。"包括我们很熟悉的《老子》中"祸兮福所倚,福兮祸所伏",这些经典名言与"化危为机"之意相近。此外，诸如"山重水复疑无路，柳暗花明又一村""沉舟侧畔千帆过，病树前头万木春""不经一番寒彻骨，怎得梅花扑鼻香"等古诗词，也都是对化危为机的诗化表达。

遍数古往今来的无数史实，能体现化危为机智慧的历史故事非常多。比如明代中期的张居正改革。当时，明朝面临的危机与以往的问题是不同的，这一危机源于明朝自身承平已久而日渐积累的问题，张居正用五大积弊来概括："曰宗室骄恣、曰庶官瘝旷、曰吏治因循、曰边备未修、曰财用大匮"，可谓政治腐败、边防松弛、民穷财竭，大厦即将倾倒。此时应对危机之法，更像是一场自我革命：政治上行考成法，军事上整饬边疆"外示羁縻、内修守备"，经济上推行"一条鞭法"，整顿赋役制度、扭转财政危机……经过这次改革，从根本上整顿了吏治，强化了中央集权的封建国家机器，基本上实现了法之必行、言之必效，社会经济有所恢复和发展。这就使得十分腐败的明朝政治，有了转机。所以，危机之"机"还体现在，常态下发动变革推动转型阻力巨大，想解决本该解决的问题也缺乏动力。危机降临没有退路，借力危机开路，自我革命，革故鼎新，反而可能置之死地而后生，实现凤凰涅槃。因此，化危为机的过程，必定伴随着极其艰难的壮士断腕、挖疮割痈的剧痛，要有充分的心理准备与坚韧的变革毅力。这无疑说明，改革创新是中华文明突出创新性的生动展现。"明者因时而变，知者随世而制"，中国传统文化是通变的文化，是富有弹性和张力的文化。穷则思变、变中求新、新中求进、进中突破，这是中国先哲对事物发展变化规律的深刻总结。回望历史可以看到，变革常常迸发于历史的关键节点，形成推动社会进步的强大力量。当然，我们的变革与创新不是对过去的否定，不是无中生有、凭空创造，而是稳中求变，是在传承基础上的革新。这种稳中求新求变的意识就是我们应对危机时强大的生命力。

立足新的历史起点，我们审视中华文明的突出创新性，既要鲜明拒斥株守过往、不思变迁的保守态度，又要警惕不顾传统、另起炉灶的"创新崇拜"。正所谓"极高明而道中庸"，在不忘本来中主动吸收外来，坚守马克思主义之正，坚守中华优秀传统文化之正，持续通过"两个结合"探索面向未来的理论和制度创新，实现建设中华民族现代文明之远大目标，这即是中华民族所走出的虽繁难不已但终向阳而生的文明之路。

三、统一性：中华民族的凝聚力

习近平总书记强调，中华文明突出的统一性，从根本上决定了中华民族各民族文化融为一体、即使遭遇重大挫折也牢固凝聚，决定了国土不可分、国家不可乱、民族不可散、文明不可断的共同信念，决定了国家统一永远是中国核心利益的核心，决定了一个坚强统一的国家是各族人民的命运所系。不难看出，统一性是中国历史的主旋律，是中华民族的合奏曲，也是中华文明的大基调。可以说，在漫长的中国历史中，各民族之所以团结融合，多元之所以聚为一体，源自各民族文化上的兼收并蓄，各民族优秀传统文化都是中华文化的组成部分，中华文化是主干，各民族文化是枝叶，根深干壮才能枝繁叶茂；源自经济上的相互依存，各民族依托各具特色的生产生活方式，彼此深度交流，共同开发了祖国的锦绣河山、广袤疆域；源自情感上的相互亲近，在历代共同维护国家安全与社会稳定，各民族牢固树立了休戚与共、荣辱与共、生死与共、命运与共的共同体理念；更源自中华民族追求团结统一的内生动力。

1. 形塑突出统一性的四个因素。

放宽视野，综合考察决定历史走向的各种因素，才能发现其中历史之长期的合理性。中华文明之所以具有突出的统一性，源于以下四个因素。

一是中华文明的地理基础。中国处于欧亚大陆的东端，西面有喜马拉雅山和帕米尔高原的屏障，东部是漫长的海岸线，太平洋一望无涯，波涌际天。北方则"幕北地平，少草木，多大沙"。戈壁沙漠以及天山、阿尔泰山、昆仑山、葱岭等雪峰横亘，"山路艰危，壁立千仞"，古人视为畏途。西南是"世界屋脊"喜马拉雅山、唐古拉山、冈底斯山、可可西里山等山脉造成的地理障碍，更甚于其他地区。从中国内部来看，各地区之间有地理上的间隔和区别。尤其周边地区与中原地区相比，在气候条件、土壤条件和地理环境等方面有很大的不同，形成了地理条件局部的独立性，造就了若干个并存的经济、政治中心。但是，从整体来看，中国地理条件有其统一性。从北、西、南向中原辐辏而自成一个自然区。中国地理条件整体的统一性和政治形势有密切的联系，它是维系国家统一的自然基础。地理条件的独特性，对中国多民族国家的形成和统一影响很大。这种地理的内向性是形成国家统一和疆域完整的决定性条件之一。所以，中华文明以统一为正轨，实有天候和地理为支撑。

二是大一统的价值观植根于中华民族内心深

处。何谓统一，统于一也。公元前221年，秦建立大一统的封建王朝，实行"书同文、车同轨、行同伦"，统一度量衡，推行郡县制，奠定了维持中国统一的文化与制度基础。自秦以后，历史虽统一与分裂交相更替，但统一是中华民族历史发展的主流，是不可逆转的总趋势。在长期的政治实践的基础上，中华民族也拥有足够的智慧去化解统一进程中面临的各种困顿。既能用中适时，随时以行，在努力追求天下一统的过程中，客观看待其艰巨性与曲折性；又能守经用权，和而不同，看到统一的必然性，也能充分认识到统一的差异性。大一统的政治体系与文化体系不断发展、扩大与成熟，一方面支配和规范着历代传统政治实践，另一方面也成为传统政治运作的至上原则和价值理念。"大一统者，天地之常经，古今之通谊也。"在古人的天下观中，天下无外，王者无外，天下归一就是政治理想所系。由此衍生出的"兼容并包"的气魄格局、"亲仁善邻"的价值传统、"协和万邦"的和合理念等，鲜明体现着中华文明的气质、气度、气派。

三是多元一体的文明格局。有学者指出，中华文明实际是在黄河、长江、西辽河流域等地理范围内展开并结成的一个巨大丛体。这个丛体内部，各地方文明都在各自发展。在彼此竞争、相对独立的发展进程中，又相互交流、借鉴，逐渐呈现出"一体化"的趋势，并于中原地区出现了一个兼收并蓄的核心，我们将之概括为"中华文明的多元一体"，即以中原华夏地区和华夏族的文明为核心，核心与周边相互吸收、相互融合而形成多元一体的文明格局。这种经济上的一体化、文化上的一体化必然要求政治上的一体化，统一性就是这种文明格局的内在属性与必然要求。所以，中国国家进程的多元化造就了成熟的统一的国家模式。自先秦以来形成并在秦汉以后得到加强的关于中国统一王朝的观念，有效地在许多重要历史时期抵消了多元化的疆域政治格局所带来的影响。中国历史的基本国情，就是超百万年的文化根系，上万年的文明起步，五千年的古国，两千年的中华一统实体。

四是多民族国家建设与发展的内在需求。自古以来，中国就是一个多民族国家，其建立和形成，一方面体现为民族之间有矛盾和斗争，但又有互相联系和日益接近；既存在和建立过不同政权，又日益趋向于政治的统一和建立统一的国家。中国数千年文明史，国家总是在统一、分裂而又复归于统一的轨道上运行着。实际上，每一次统一都不是简单的历史重复，每一次分裂也不能简单视之为历史的倒退，而是社会由低级向高级、由落后向进步的螺旋式发展。每一次新的统一，都有新民族融合于统一的多民族国家之中，都有新的土地得到开发和利用，生产力提高、社会进步、民族发展、国家领土不断拓展，最终凝聚为以汉族为主体的统一的多民族国家。从秦汉的统一到魏晋南北朝的分裂，再到隋唐的统一，五代宋辽金西夏的分裂，再到宋元明清的统一。多民族间的交往交流交融，逐渐形成你中有我、我中有你的多元统一体。总之，中国作为一个多民族的泱泱大国，其疆域与统一，数千年代代相传，绵延不绝，这样一个宏伟的现象，在世界的民族与国家之林中，在世界历史上是罕见的。

　　纵观历史，多少个疆域辽阔，称霸一时的大帝国，像罗马帝国、奥斯曼帝国、自称"日不落"的英帝国，最后都衰落了，土崩瓦解了，有的甚至烟消云散了。而中国尽管历经数不清的内乱与外患，却始终作为一个统一的大国延续下来。其中一个重要的原因就是几千年来中华各民族不但没有分裂，而且是日益团聚，并且已逐渐形成了相互认同的中华民族。

　　2. 统一是中华文明的核心理念。

　　先秦时期，许多主要的思想家都呼吁结束诸侯国林立的局面，建立起真正的大一统王朝。他们往往从学术的角度批评分裂造成的思想混乱，由此主张从思想统一过渡到政治统一。比如，庄子批评"天下大乱，贤圣不明，道德不一。天下多得一察焉以自好"。荀子批评诸子各执一端，倘若能"一天下，财万物，长养人民，兼利天下"，就能建立一个太平世界。孟子则直接向梁惠王解释，天下将"定于一"，而且是"不嗜杀人者能一之"。思想家们的主张反映了各民族民众的共同愿望，就是建立一个统一且稳定的中央政权。自先秦以后，建立统一的中央政权，成为中华文明的一个核心理念深入人心。

秦汉统一王朝以郡县制作为国家的基础，统一了文字、度量衡，建立了自上而下的文书行政制度，铺设了遍布全国的交通网络。由此奠定了中国建立统一国家的政治基础和物质基础。秦汉的建立顺应了各民族群众的心愿，也正因为如此，中国历史上也经历了多次的战争和灾难，却始终保持着疆域的稳定和中央政权的延续。

东汉以后，出现了多年的三国鼎立局面。西晋短暂统一以后，又出现了两百余年的南北对峙局面。唐以后，又长期存在着五代十国的争端和宋、辽、金、西夏的对立。但是在这些分裂时代，依然存在着局部地区的统一局面，而且局部地区的统一又是向着全国性的统一努力着。秦汉以降，无论是哪个民族建立的政权，都以恢复秦汉疆域为目标，都以效法秦汉建立统一的中央政权为指南。

可以发现，中国古代历史就是一部多民族的统一历史和不同地域的统一历史，统一一直是中国历史发展的主题。它大致经历了各民族的内部统一、地区性的多民族统一和全国性的多民族统一的过程。在这个历史过程中，中国凝结为一个牢固的整体。

况且，中国一直是一个多民族国家，中华文明是多民族文化的复合体，将各民族联系在一起的是共同的历史记忆。至晚东周时期，炎帝、黄帝已被诸夏尊奉为先祖。《国语·周语》记载周灵王太子晋提到一些诸侯国"皆黄、炎之后也"。至西汉司马迁撰《史记》，更是将炎帝、黄帝描述为华夏和匈奴、越等民族的共同祖先。西汉褚少孙补《史记·三代世表》，则明确使用了"黄帝子孙"一词，谓"舜、禹、契、后稷皆黄帝子孙也"。"炎黄子孙"观念，或者说炎黄祖先认同早已形成，并非近代的产物。

汉代以后，北方少数民族逐渐进入中原，他们一方面学习汉文化，另一方面又将本民族文化中的积极因素注入汉文化之中，由此，中华文明呈现出多元包容并蓄兼收的格局。十六国北朝时"炎黄祖先"观念被诸多边裔民族接受。《十六国春秋》《晋书》《魏书》《周书》等文献记叙十六国北朝君主自诩炎黄苗裔。这代表着一种深刻的文化共同体意识的形成，也正因为如此，中华民族结合成紧密的整体。

重视历史修撰是中国的传统。后代王朝记录前代历史的行为，代表了一种主流的态度。以明、清两朝为前代元、明修史为例。前后两个政权的建立者族属不同，但是却表现了立足中华文明的统一性意识。朱元璋肯定元朝的历史贡献，也能正视元朝的历史教训。他关注的是兴盛成败的道理，而非民族彼此的界限。清朝统治者以中华正统自居，清楚且主动选择接续修史这个中原王朝的传统，表明他们真正融入并认同了中华文化，且成为其中的有机组成。可以说，统一的历史文化认同，重塑了民族关系；寻找和重建共识，胜过了强化彼此的差异。

中华文明的自信，根源于对统一的多民族国家的历史文化认同。中华文明的发展，奠基于统一的多民族国家内部的民族团结与民族互助基础之上。正因为如此，中华文明才能经受住长久的考验。历史上看，中华文明同样遇到过新兴文明与外来文明的挑战。面对这些挑战，中华文明并未如同欧亚大陆上的其他古文明一样，或者僵化停滞，或者保守不前，而是积极交流对话、吸纳融合，提升了自身的生命力，扩大了自身的影响力，培育了自身的创造力，增强了自身的向心力。

中华民族生生不息绵延发展，饱受挫折又不断浴火重生。在中华文明的变迁发展中，统一性是其鲜明特征。习近平总书记站在中华民族伟大复兴的战略高度，深刻总结中华文明所具有的突出特性，为我们传承好发展好中华文明注入了固本培元的思想力量。一切国家和民族的崛起，皆以文化创新和文明进步为先导和基础。只有创造新的文明形态，国家实力的强大才能转化为文明上的兴盛。我们要坚持守正创新，持续汲取中华文明突出统一性的价值所在，以赓续传统、面向未来的精气神为建设中华民族现代文明作出新的贡献。

四、包容性：中华文化开放胸怀

中华文明突出的包容性，从根本上决定了中华民族交往交流交融的历史取向，决定了中国各宗教信仰多元并存的和谐格局，决定了中华文化对世界文明兼收并蓄的开放胸怀。毋庸置疑，只有深刻考察中华文明历史发展进程，紧密结合中华文明与世界文明之间的关系，从人类文明发展的长远角度才能深刻理解这一特性。

中华文明并不是孤立的死水一潭，古语云"流水不腐"，中华文明正是在与世界各文明交流互鉴中不断获取新的滋养而不断地守正创新的。可以说，中华文明正是在与世界各文明交流互鉴中形成的。同时，中华文明也在与世界文明交流互鉴中将自己的优秀文明成果传播到全世界。海纳百川，有容乃大。五千多年的灿烂文化是来自不同区域、不同民族的文化彼此交流不断融汇而成的，最终由涓涓细流汇聚而成浩瀚江河。兼收并蓄涵养了中华民族开放包容的精神品格，和谐共生、开放包容成就了中华文明的博大与精深，中华文明也始终会以包容与和平的精神，同世界其他文明开展交流互鉴，共同携手解决人类面临的各种挑战。

1. 中华民族交往交流交融的历史取向

《周易·坤·文言》有云："地势坤，君子以厚德载物。"《史记·李斯列传》："太山不让土壤，故能成其大；河海不择细流，故能就其深。"这些广为人知的古语均体现了中华文明的博大包容精神。纵观中国历史上的繁盛时期，人所盛称之汉唐，都是因为其能含弘光大而成其大。

就一方面而言，中华民族是在中华文明各民族交往交流交融的历史进程中逐渐形成的。中华大地上自古以来存在众多族群，中原的华夏—汉族与周边少数民族长期互动共存，有着相对开放的民族界限。许多古代族群，如东北的肃慎、乌桓、鲜卑、高丽、室韦、契丹、女真，北方的匈奴、乌孙、突厥、回纥、党项，西南的羌、吐蕃，南方的苗、瑶、黎等，经过长时段的民族迁徙与民族融合，形成了现今56个民族为一体的中华民族，呈现"多元一体格局"，"它所包括的五十多个民族单位是多元，中华民族是一体"，共同创造了绚烂多彩的中华文明，并在中华文明的包容性中互相交往交流交融，使中华文明传承光大。

从时序上判断，中华民族内部各民族在长期的民族迁徙、民族融合中，形成了"大杂居、小聚居"的地缘格局，你中有我，我中有你，各民族文化与习俗之间彼此互相交往交流交融，中国各民族交往交流交融，各民族长期和谐共存，是中华文明包容性的生动体现。具体来讲，中国历史上先后出现过五次民族大迁徙、大融合：第一次是炎黄时代。文献记载炎帝、黄帝同出一源，炎帝部族发祥地在陕西省西部的渭水上游，黄帝部族发祥地在今陕西的北部。黄帝顺北洛水南下，到了大荔、朝邑一带东渡黄河，炎帝则顺渭水东下，再顺黄河南岸向东。两大部族在东迁的过程中，与中原、海岱地区的部族发生了密切联系，在交流和冲突中不断壮大，最终形成了炎黄部族集团。第二次是春秋战国时期。这一时期，王权衰微，四裔民族尤其是西戎和北狄势力强大，时常侵扰中原，他们的一些支族、部落也不断内附被逐渐同化。战国时期的赵武灵王为壮大实力，向胡人学习骑兵战术，史称"胡服骑射"，反映了春秋战国时期的民族大交融，展现出中华文明的开放和包容。第三次是魏晋南北朝时期。匈奴、羯、鲜卑、氐、羌五个少数民族进入中原建立政权，北魏孝文帝进行全方位的改革，实行汉化运动，极大推动了民族的融合，少数民族的文化习俗如胡乐、胡舞等也带入了中原，胡饼、胡床等也被汉族所接受，形成了一次全国范围的大融合。第四次是五代至辽宋金元时期。唐末的地方割据催生了"五代十国"，其中后唐、后晋、后汉等都是少数民族建立的政权，辽、夏、金等进入中原后都积极学习汉文化和政治制度，通过多种方式与汉民族进行经济贸易等领域的往来；元朝建立了统一的多民族国家，此前进入中原的契丹、女真等族不断汉化，已经和汉族融合在一起，还有大批的蒙古族进入中原和江南，大批的汉族人来到边疆，加快了民族融合的进程。元朝时，一批信仰伊斯兰教的中亚各族人和此前进入中国的波斯人、阿拉伯人，长期与汉族、蒙古族和维吾尔族融合，形成了一个新的民族回族。这一时期各民族的杂居混处，形成了一个民族交流和融合的新高潮。第五次是明清时期。作为统一的封建王朝，明清时期的民族关系较为和睦，如朱元璋以"赤子"看待蒙古族，恩威并用，封赏藏族酋领，较好地处理了各民族之间的关系，清王朝是满族建立的国家，他们充分重视汉文化，提倡"满汉一体"，通过各种手段加强各民族之间的交流与融合。近代以降，民族危机加深，在各族人民共御外侮的抗争中，中华民族实现了从自在到自觉的伟大转变。

2. 包容性缔造了宗教信仰多元并存的和谐格局。

中国主要有佛教、道教、伊斯兰教、天主教和基督教等宗教，信教公民近2亿，宗教教职人员38万余人。各宗教信仰多元并存的格局是在历史发展中形成的。道教是中国土生土长的本土宗教，汉魏时代是道教形成和确立的时期，隋唐至北宋，因为受到统治阶级的推崇，道教开始兴盛。如隋文帝佛道并重；唐王室姓李，与道教创始人李耳同姓，因此在唐朝形成了君臣信奉道教的局面。元朝统治者注重扶持道教，以丘处机为成吉思汗讲道为机缘，全真教在元代出现繁盛局面，后来形成了北方以全真道为代表，南方以正一道为代表的格局。东汉时期，佛教传入中国，由于统治者自身的信仰和支持，佛经开始广泛传播。三国时期，曹魏建国时，西域诸国遣使纳贡，许多西域僧人进入魏国翻译佛经传播佛法，吴统治者孙权还大建佛寺招徕僧人。西晋时出现了一批著名的佛教传播者如竺法护、安法钦、彊梁娄至等，他们翻译经典、传播教义，推动了佛教的进一步发展。从东晋开始，统治者们希望借助佛教维护统治，下层民众则借此寻找精神寄托，因此佛教与统治阶级关系日趋密切，发展为一种强大的社会势力，也迎来了中国佛教发展史上的第一个高潮。到了唐朝，由于宽松的宗教政策，佛教进入了一个全盛期，并形成了以天台宗、法相宗、华严宗、禅宗为代表的宗派，禅宗"顿悟"成佛的提出成为佛教中国化的重要标志。从波斯传来的祆教、景教和摩尼教发展迅速，许多外国宗教都在中国传播开来。祆教在唐代长安、洛阳、武威、敦煌等都有祆祠，唐政府还专门设置萨宝府进行管理。摩尼教则在南、北方都有广泛传播。景教是基督教的支派，唐政府在各州建景教寺院，现存的《大秦景教流行中国碑》记载了当时的传播盛况。此外，大食商人信奉的伊斯兰教也随着他们的足迹得以传播。明清以后，佛教和道教朝着世俗化方向发展，伊斯兰教进一步发展，外来宗教如天主教随着传教士的到来再度进入中国，政府对不同宗教较为包容，民间宗教性信仰也丰富多彩。千百年来，在统治者的提倡下，宗教成为消弭人民反抗意识、调处民族关系的重要手段；中国宗教的发展史，也是一部不断探索适应中国文明的历史，外来宗教不断吸收中国传统文化因素，朝着"中国化"的方向不断前行；传统文化的包容性成为各种宗教和谐并存的土壤，因而从古至今不同宗教以至各宗教内部支派都能较好地相处，并未发生宗教纷争。

新中国成立以来，人民的宗教自由得到保障，不同宗教之间相互尊重、相互学习，平等开展对话交流，开创了"五教同光，共致和谐"的新境界，中国各宗教信仰多元并存的和谐格局充分体现了中华文明突出的包容性。

3. 中华文化对世界文明兼收并蓄的开放胸怀。

中华文明向来是开放的，早在新石器时代中外文明就开始了相对频繁的文化交流。5000 多年前发源于西亚地区的小麦和黄牛、绵羊等农作物和家畜经中亚陆续传入我国西北、中原地区。冶炼铜的技术从西亚经河西走廊传入中原，与仰韶和龙山时代高温烧制陶器的技术相结合形成了复杂的青铜容器铸造技术，为青铜文明的诞生奠定了基础。西汉时期，张骞在汉武帝的支持下出使西域，促进了汉王朝与西域乃至中亚国家的文化交流，开辟了丝绸之路；许多物产传入中原，蔬菜有苜蓿、菠菜、胡瓜、胡豆、胡蒜、胡荽等，水果有葡萄、扁桃、西瓜、安石榴等，这些经济作物的传入使汉民族的经济生活有了很大提升。外来的生产技术也对汉王朝的经济发展起到了重要推进作用，如毛织品和毛织技术的传入，"善马"及畜牧业的传入等，推进了手工业和畜牧业的发展。这一时期还形成了以山东半岛为起点的北方海上丝绸之路和以广州等地为起点的南方海上丝绸之路。唐王朝是当时世界上最为强盛的国家，而且秉持开放的对外政策，与七十多个国家建立了友好的关系。唐朝政府还专门设立了鸿胪寺，负责接待外来使节，处理外交等事务。在陆路交通受阻的情况下，宋王朝积极开辟海外贸易，与五十多个国家和地区建立了通商，庞大的海外贸易网对宋代的经济发展起到了巨大的推动作用。元朝通过武力打通了欧亚大陆的直接联系，政府颁布一系列鼓励对外贸易的政策，极大促进了欧亚大陆之间的政治、经济、文化往来。与此同时，他们还充分重视海外贸易，至少有一百多个国家和地区和元朝建立了经贸往来；海路的对外贸易也逐渐超过陆路，成为经济发展的重要支柱。明末清初一百余年是继汉唐以来中西文化第二次交流的高潮期，来华的西方传教士特别是耶稣会士起到了重要作用。一方面，他们利用渊博的科技知识，以科学文化为传教手段，把西方文化介绍到中国来；另一方面，他们又将在中国的见闻和学习到的中国文化介绍到西方，使中西文化在新的历史背景下相互吸收、相互借鉴。中国古代形成的陆上和海上丝绸之路，是中国沟通东亚、西亚、北非、欧洲的重要通道，将世界上的不同国家、地区和民族联系在了一起，为中外方文明互相了解、互通有无、互相借鉴、互相影响提供了一条"文明通道"。在与世界诸文明的交往中，中华文明始终以开放包容的态度，不断吸收其他文明的优秀因素。

今天，各国命运前途紧密相连，不同的文明只有包容共存、交流互鉴才能不断推进人类社会发展。2023 年 3 月 15 日，习近平总书记在中国共产党与世界政党高层对话会上提出"全球文明倡议"，其中一个重要的部分是："共同倡导尊重世界文明多样性，坚持文明平等、互鉴、对话、包容，以文明交流超越文明隔阂、文明互鉴超越文明冲突、文明包容超越文明优越。"这是习近平总书记深刻总结中华文明的智慧和突出特性为人类文明进步提供的中国方案。

五、和平性：坚持走和平发展道路

在习近平总书记所总结的中华文明五大突出特

性之中，"和平性"殿于最后，此种安排自有其深意。一方面，正因为中华文明具有突出的连续性、创新性、统一性和包容性，方能在久久积累下形塑牢不可破的和平性理念；另一方面，作为一种具备独特自然禀赋和气候条件的超大型农耕文明，中华民族对空间的渴望、对资源的获取，绝非其他文明一般，我们有着自己的一套持中的宗旨。中华文明遵循和平，五千年来，绝少有我们主动发动的军事征伐事件；中华文明倡导和睦，五千年间，中外文明间的交流互鉴之佳话绵延不断，代代相传；中华文明主张和谐，五千年中，无论是中华民族的内心世界的构建，抑或国与国间的相处，皆是以德为尊，以和为贵，一种将道德秩序置于首位的体系思想油然而生，且根深蒂固。于是乎，这决定了中国无论过去、今天还是未来，只能做世界和平的建设者、全球发展的贡献者、国际秩序的维护者，这也是我们能够在新时代提出"一带一路"倡议、全球发展倡议、全球安全倡议、全球文明倡议、全人类共同价值等一系列主张的文明属性使然。

1. 中华文明突出的和平性是中华民族独特的历史传统决定的。

中国最古老的典籍《尚书》，首篇《尧典》提到"协和万邦"，为政者以"允执厥中"的理念，秉持"明德慎罚"的原则，致力于"协和万邦"。中国最早的历史学奠定了后世德治与礼治的治理模式，不断指引着中国在和平道路上发展前行。西周建立的以血缘为纽带的封建制度，依照大宗小宗的亲疏远近，辨别政治贵贱。天子、诸侯、大夫、士的四个等级贵族，除了少数异姓贵族，大多数都是姬姓贵族。即使是异姓贵族，诸侯以下的贵族也是与诸侯同姓的。总体上说，周代的封建制度是政治制度，也是家族制度。这种家国同构的独特性就构筑了周代的家国命运共同体。天下一家的理念，从此深深地印记在华夏民族的心理。

秦汉之后，郡县取代了封建，自皇帝以下的官员不能世袭，血缘意义的家国同构成为历史，但政治制度的改变并没有影响到先秦向秦汉之后传统的延续。在西汉时期，伟大的历史学家司马迁在《史记·五帝本纪》中塑造了中华民族人文初祖黄帝的信仰。这使先秦时期血缘意义的家国同构，在汉代时期转变为类血缘的文化意义上的家国情怀同构。

司马迁的历史观受孔子影响很大。孔子根据鲁国历史修《春秋》，实则是为后来的政治秩序奠定了礼治的基础。君君臣臣、父父子子的秩序，蕴含着人情与礼法。董仲舒认为汉代治国应以《春秋》为标准，以"春秋决狱"。"道之以德，齐之以礼，有耻且格"正是礼治的写照。孔子传承古代贵族文化，以"诗书礼乐"教三千弟子，其内涵是传承饱含文德的历史文化传统。从《尚书》到《春秋》，再到《史记》，无不传承着和平与厚德的历史传统。中国汗牛充栋的历史典籍，无论是编年体、纪传体，还是纪事本末体，还是地方志、家谱等家国天下史书，都始终贯彻着和平主义的理想与书写传统。

　　2. 中华文明突出的和平性是由中华民族的仁爱思想浇灌的。

　　基于农耕文化重视天人合一，维护群己关系的特性，中国哲学从一开始就走上了一条不同于西方的道路。孔子的伟大贡献，是发现春秋贵族倒掉的根本原因，在于贵族之礼没有了内在担当精神。"人而不仁，如礼何？人而不仁，如乐何？"孔子感叹道，虽然有礼乐制度，但是缺乏了内心自觉，礼乐只能流于形式。孔子创造性地把"仁"寄予"礼"之中，从而给"礼"种下"仁"的种子。仁不是利己，而是利他。在处理群己关系时，仁爱不是爱自己。《论语》中的"人"是指他人，不是指"我"。《论语》中的"我"，是"己"。如樊迟问仁，子曰："爱人"。子路问君子，子曰："修己以敬"，"修己以安人"。董仲舒说"仁之法在爱人，不在爱我"。子贡问仁，子曰"己欲立而立人，己欲达而达人"。可见，仁是成就他人。

　　孔子在传统贵族君子倒掉之后，努力培养弟子成为文质彬彬的君子。孟子在战国兼并战争时代，努力劝说国君以恻隐之心行仁政。如果说，孔子是在培养担任礼治重任的君子，孟子则是以仁政方案努力说服国君，不要以战争的方式解决问题，而是应回归政治最本初的意义，关爱百姓，保护民生。如果说孔子的仁爱思想侧重点在君子仁人，旨在塑造社会上大量的和平力量，孟子则是把仁爱与维护和平当作一种责任，寄托在国君的责任中。《孟子》开篇说，面对期待迅速想富国强兵，通过战争为太子复仇的梁惠王，孟子却提出了仁政的方案。

从"兴灭国，继绝嗣，举逸民"到"以不忍人之心行不忍人之政"；从"君子不重伤，不擒二毛"到"君子之于禽兽也，见其生，不忍见其死；闻其声，不忍食其肉"，皆体现了人性的光辉。把人当作人来看，是仁爱的基本原则，而仁爱浸润的中国哲学，就是独特的和平理念。

孔子的"泛爱众"，经过孟子的阐释，成为仁义礼智之四德。张载"民胞物与"的理念，王阳明的"致良知"之学，进一步把中国哲学中的仁爱和平理念贯通心性与天道自然，使得中华民族始终保持和平发展之路。

爱好和平，和而不同，并不代表以"和"而放弃自己的原则。"礼之用，和为贵。先王之道，斯为美，小大由之。有所不行，知和而和，不以礼节之，亦不可行也。""和"应有"礼"来节之，就如同爱需要分辨是非。仁者不是好好先生，不是"乡愿"，而是"能好人能恶人"。孔子说"有杀身以成仁，无求生以害仁"，孟子赞同"汤武革命"，都是以仁爱求和平，以牺牲自我保存民族大义的可贵精神。自强不息、敢于牺牲的民族精神是维护和平的不竭动力。

3. 新时代中国共产党对突出和平性的运用和创新。

党的十八大以来，以习近平同志为主要代表的中国共产党人，在深刻把握"两个大局"、深刻把握中华文明发展规律的基础上，坚定文化自信、坚守文化本根、坚持"两个结合"，更加自觉地从历史、文化、文明的维度深化对和平的理解，更加自觉地运用中华优秀传统文化的宝贵资源建构中国的和平话语，提出"和平"是中华民族的基因、是全人类共同价值之一，并通过高举和平、发展、合作、共赢的旗帜，积极推进文明交流互鉴、构建新型国际关系、打造人类命运共同体，引领世界的和平与发展，从而使中国的和平主张与实践进入到一个新的发展阶段，中华文明的和平性也得到进一步光大。

2014 年，习近平主席在德国科尔伯基金会的演讲中谈到中国将坚持走和平发展道路时，提出"和平"是中华民族的基因。这一观点不仅凸显了中华文明的和平性具有内生性、稳定性、传承性等特征，还说明了中国传统文化、马克思主义中的双重和平基因已有机结合并融入到中国的历史与文化之中，更揭示了中国走和平发展道路绝非权宜之计，而是由历史逻辑、文化逻辑决定的。2015 年，习近平主席在第七十届联合国大会一般性辩论时的讲话中提出"全人类共同价值"的新理念，并把和平作为全人类共同价值的第一要素，向世界充分展现了中华文明对于和平的深厚情感与执着信念，为人类的和平理想注入了中国价值、中国精神。

习近平总书记指出："中华文明的和平性，从根本上决定了中国始终是世界和平的建设者、全球发展的贡献者、国际秩序的维护者，决定了中国不断追求文明交流互鉴而不搞文化霸权，决定了中国不会把自己的价值观念与政治体制强加于人，决定了中国坚持合作、不搞对抗，决不搞'党同伐异'的小圈子。"这既是基于中国深厚的历史文化传统，又是立足当代、面向未来伟大复兴宏伟目标而作出的科学论断，既是马克思主义中国化时代化的最新理论成果，也为深刻阐释"第二个结合"提供了宝贵的文明基础。

"两个结合"是我们取得成功的最大法宝

中国共产党是在中华优秀传统文化的土壤里成长起来的马克思主义政党，兼具现代性意识与文明复兴的使命。在带领中国人民进行革命、建设、改革的长期历史实践中，中国共产党既是中国先进文化的积极引领者和践行者，又是中华优秀传统文化的忠实传承者和弘扬者。习近平总书记指出，在五千多年中华文明深厚基础上开辟和发展中国特色社会主义，把马克思主义基本原理同中国具体实际、同中华优秀传统文化相结合是必由之路。这是我们在探索中国特色社会主义道路中得出的规律性认识，是我们取得成功的最大法宝。中国共产党运用马克思主义基本原理激活中华文明的核心价值，带领人民群众艰苦奋斗、不断胜利，实现了马克思主义基本原理同中华优秀传统文化的有机结合，创造了中国式现代化的文化形态，创造了中华文明的现代形态，创造了人类文明的新形态。中国共产党的百年征程，就是不断探索如何将马克思主义基本原理同中国具体实际相结合、同中华优秀传统文化相结合的历程。我们必须深刻认识中国共产党百年奋斗历程在中华文明五千多年历史发展中的地位，认识中国共产党与中华文明的关系。中国特色社会主义昂首进入新时代的事实雄辩地证明了中国共产党对中华文明的继承和发展，"两个结合"代表着中华文明生生不息、奋发向前的伟大道路，呈现了一种与西方主导的现代化有所不同的现代文明气象。面对世界百年未有之大变局，既需要我们认清发展中国特色社会主义的现实问题，也需要汲取马克思主义中国化的历史经验，找准主要着力点，不断推动马克思主义基本原理同中国具体实际、中华优秀传统文化的深度结合。

一、"结合"的前提是彼此契合

毛泽东同志指出："今天的中国是历史的中国的一个发展；我们是马克思主义的历史主义者，我们不应当割断历史。从孔夫子到孙中山，我们应当给以总结，承继这一份珍贵的遗产。"以现代中国为基础场域的"旧邦新命"，亦即中国与马克思主义的相遇，并不是外在地索取他者的文明成果以充实其空洞的身体，而是中国文明本身固有生命力的再次激发，或者说是一个前后相继的中国向着"现代"的努力延伸。近代以来，在中华民族陷入国家蒙辱、人民蒙难、文明蒙尘的危急时刻，马克思主义传入中国，与中华传统文化碰撞融汇，深刻改变了中华民族的命运与世界发展的趋势。而马克思主义之所以能够在中国这片沃土生根发芽、开花结果，其原因正在于马克思主义与中华优秀传统文化之间有着高度的内在契合。

在人类历史的长河中，无数的文明湮灭了，只有中华文明延续至今，保持着鲜明文化传统与制度活力。从人类的发展历程来看，生产力与生产关系的进步往往伴随着剧烈的政治革命或思想革命，从而将既有的秩序架构予以彻底摧廓，以便重新建设。甲午战争以后，中国本土的知识分子开始对中国原有的文明体系，包括政治、文化等，产生了根本性的反省。"革命"一词逐渐传播扩散，直至声势浩大，由理论构想变为了切实的政治行动。然而，纵观中华文明的发展史，可见其迥异于其他文明的一大特性，恰如冯友兰在《西南联大纪念碑碑文》中所描述的"唯我国家，亘古亘今，亦新亦旧"。自古而今，中华文明呈现了强大的生命力，一代又一代中国人承前启后，缔造了层层积淀、根系相通的文明成果。党的二十大报告指出："坚持和发展马克思主义，必须同中华优秀传统文化相结合。只有植根本国、本民族历史文化沃土，马克思主义真理之树才能根深叶茂。中华优秀传统文化源远流长、博大精深，是中华文明的智慧结晶，其中蕴含的天下为公、民为邦本、为政以德、革故鼎新、任人唯贤、天人合一、自强不息、厚德载物、讲信修睦、亲仁善邻等，是中国人民在长期生产生活中积累的宇宙观、天下观、社会观、道德观的重要体现，同科学社会主义价值观主张具有高度契合性。"中华优秀传统文化中所蕴含的十个核心思想理念，集中体现了中国传统宇宙观、天下观、社会观、道德观。从本质上看，正是这十大理念及其所充实的四大观念，与马克思主义的基本原理构成了思想形态、思维模式、价值逻辑上的亲近与贯通，由此奠定了马克思主义基本原理同中华优秀传统文化相结合的哲学、文化基础。

1. 从宇宙观来看，中华优秀传统文化以其"天人合一"的人文关怀与马克思主义形成了彼此契合。

"天人合一"典出于《正蒙·乾称篇》，其原文为"儒者因明致诚，因诚致明，故天人合一，致学而可以成圣，得天而未始遗人"。《正蒙·乾称篇》为北宋大儒张载所作，而其理论源头又在于《周易》。在《周易》中，天之于人，通过阴阳五行予以生成、造化，因此天人之间有着深刻的内在关联。这种关联性思维贯彻了除《周易》以外的先秦文化经典以及此后中华文明的整个发展历程。如孔子所说"天生德于予"，如《中庸》所说"天命之谓性"，如庄子所说"天地与我并生，而万物与我为一"，都将"天"视为"人"的性命本源及其信仰准则。张载所说的"天人合一"，实际上正是千百年来中华文明的终极理想的凝练表达。在这种终极理想的图景中，人保持着对于天地宇宙的敬畏与热爱，挺立道德人格，从而与自然共处于和谐、从容的共生状态，最终进入超越自身、融洽万物的圣贤境界。与之相关，马克思主义关于人与自然关系的思想，亦摒弃和批判了"人与自然对立"的传统理念，主张"人与自然界和谐"的价值观。马克思主义认为，人首先是自然界的存在，其次才是作为实践的主体从事改造自然的活动。无论生活资料还是生产资料都来源于自然界，离开自然界，人无法生存，劳动也无法进行。在人类同自然的交互作用中，人和自然是统一的关系，人类怎么对待自然，自然也会怎么回馈人类。在此基础上，马克思指出自然史和人类史是统一的，并发现了唯物史观，提出了历史辩证法。而恩格斯在《劳动在从猿到人转变过程中的作用》中则提出了著名的"自然报复论"思想。恩格斯指出："我们不要过分陶醉于我们人类对自然界的胜利。对于每一次这样的胜利，自然界都对我们进行报复。"从中华优秀传统文化的宇宙观中所显示的与基督教式的逃离自然、否定现世有着本质区别的朴素的唯物主义与人文主义来看，马克思主义的自然观与唯物史观无疑与中华文明的深层逻辑有着强烈的共振。从唯物主义出发，马克思把人看作"自然界的一部分"，主张从人的主体地位去"人化自然"并予以自然以尊重，这与中华优秀传统文化中的"天人合一""道法自然"存在着实践层面的高度一致性。

2. 从天下观来看，中华优秀传统文化以其"天下为公""民为邦本"的大同理想与马克思主义形成了彼此契合。

"天下为公"典出于《礼记·礼运篇》，其原文为："大道之行也，天下为公。"《礼运篇》全文在总体上论述的"礼"的起源及其效用，同时以"大同""小康"为主体架构，呈现了中华文明关于理想社会的早期构想。所谓"大道之行也，天下为公"，应该解释为：当大道行于天下的时候，则天下为天下人所共有。如此"大同"世界，人与人之间互亲互爱、各尽其用，德行卓著、才能优越的人，便被人民推选为领袖。与"天下为公"相对应，"民为邦本""为政以德""任人唯贤"则是对政治生活的具体要求。"民为邦本"典出于古文《尚书》，其原文为："民惟邦本，本固邦宁"，应该解释为：人民是国家的根本，只有作为根本的人民得到稳固，国家才能长治久安。"为政以德"典出于《论语·为政》，是孔子对于如何执政所做的具体解释。其原文为："为政以德，譬如北辰，居其所而众星共之。""德"是中华优秀传统文化中的核心概念，统治者必须具备道德品质，才能以身作则，使百姓感到信服。"任人唯贤"典出于古文《尚书》，其原文为"任官惟贤材，左右惟其人"。意指唯有修德、用贤，才能维持政权稳定。与中华优秀传统文化中的"天下观"及其实现路径相比，马克思描绘了一个没有剥削、没有压迫、各尽所能、各取所需、尽善尽美的共产主义社会："代替那存在着阶级和阶级对立的资产阶级旧社会的，将是这样一个联合体，在那里，每个人的自由发展是一切人的自由发展的条件。"这与中华优秀传统文化中所蕴含的理想社会具有内在的相似性，也可以说中华优秀传统文化中蕴藏着马克思主义的种子。1923年，瞿秋白在《赤潮曲》中写道："从今后，福音遍被，天下文明。只待共产大同！""共产"与"大同"并用，充分说明二者的精神相通。另一方面，马克思主义认为，人民群众是历史的主体，是历史的创造者。人民性是马克思主义最鲜明的品格，让人民获得解放是马克思毕生的追求。作为人民群众先锋队，无产阶级政党既根植于劳动人民并以大众福祉为奋斗目标，又有其自身的先进性。晚年恩格斯指出，"仅仅有写作才能和理论知识，即使二者确实具备，都是不够的，要担任负责的职务还需要熟悉党的斗争条件，习惯这种斗争的方式，具备久经考验的耿耿忠心和坚强性格"。由此刻画了道德信仰和工作能力这两条无产阶级政党干部的必要标准，推而广之，也就成了全体共产党员的必要标准。马克思主义是科学的共产主义，而共产主义社会的理想以及人民至上的基本观念，实际上也反映在中华文明的内在结构之中，与"民本""德政"同气连枝，互为支持，奠定了广大中国人民接受马克思主义的理想根源。

3. 从社会观来看，中华优秀传统文化以其"家国天下"的价值诉求、个人定位与马克思主义形成了彼此契合。

中华文明的凝结、成型，在于夏商周三代与春秋战国。如《尚书·泰誓》所说："惟天地万物父母，惟人万物之灵。亶聪明，作元后，元后作民父母。"人人皆内蕴着道德的本源与学习的能力，故而"化民成俗"就成为政治的根本目标。"讲信修睦"典出于《礼记·礼运篇》，其原文为："选贤与能，讲信修睦。故人不独亲其亲，不独子其子，使老有所终，壮有所用，幼有所长。"《礼运篇》在整体上论述了早期中国对于理想社会的构想，而"讲信修睦"则为其中的重要一环，应该被解释为：人与人之间讲求信义，建立和睦关系。先秦即有"仁义礼智信"之说，"信"为儒家所推崇的五个基本美德之一，"修睦"可以视为"讲信"的推进与扩充。"亲仁善邻"典出于《左传·隐公六年》，其原文为："亲仁善邻，国之宝也。"其意为：坚持亲爱仁义之道，与邻人友好相处，这是爱护国家的法宝。自孔子以后，中华文明养成了"仁者爱人"的总体风格，并将个人的社会价值内嵌于"家国天下"的秩序结构与"修齐治平"的实践路径之中。如《大学》所说："古之欲明明德于天下者，先治其国；

欲治其国者，先齐其家；欲齐其家者，先修其身。"
在中国人看来，"家""国""天下"本应贯彻一体，
"老吾老以及人之老，幼吾幼以及人之幼"，构成了
个人与群体、伦理与政治、权利与责任之间的动态
平衡。马克思强调，社会性是人的根本属性，人是
社会关系的总和。只有在社会共同体中，个人才能
获得自由的发展的可能性和空间。正如恽代英所指
出的，"就生物学理说，社会主义是当然的。因为
宇宙的大法是注重大群，不注重小己的。"在历史
上，中华文明重视集体本位、社会本位而非个体本
位，主张从群体出发、个体立足于群体，与马克思
主义所主张的以社会大众为本位、以集体利益为追
求的价值观相融相通，在民族心理上构成了马克思
主义得以在中国传播发展的一个重要条件。

　　4. 从道德观来看，中华优秀传统文化以
其"自强不息""厚德载物"的修身思想与
德性体系与马克思主义形成了彼此契合。
　　"自强不息"典出于《周易·乾卦·象传》，

其原文为："天行健，君子以自强不息。"《乾卦》为《周易》六十四卦的第一卦，在现象上对应于春夏秋冬，描述了万事万物的萌芽、发展、繁荣，以其内蕴的刚健品格，呈现了中国人所理解的生生不息、循环往复的宇宙之道。与此相关，"革故鼎新"典出于《周易·杂卦》，解释为破除陈旧的、不适宜的，建立崭新的、合宜的，这种"穷则变，变则通，通则久"的精神，贯彻于中华民族的奋斗史。与世界上的各大文明系统相比，中华文明的一个显著特点就是长久地保持着乐观的、奋进的处世精神。从李白的"长风破浪会有时，直挂云帆济沧海"，到毛泽东的"自信人生二百年，会当水击三千里"，都渗透着这种奋斗于此生、成就于此世的精神力量。"厚德载物"典出于《周易·坤卦·象传》，其原文为："地势坤，君子以厚德载物。""乾"为天、为阳、为父，"坤"为地、为阴、为母。中华文明在原初体验中包含着一阴一阳、两相调和的大智慧。所谓"地势坤，君子以厚德载物"，应该解释为：大地本于坤道，君子应效法坤道，以宽广深厚的德性承载万物、与时偕行。自古以来，中国人即深刻认识到，"自强不息"与"厚德载物"表达了在以我为主、积极进取的前提下，尊重不同、维持多元，怀抱谦卑柔和的态度，以求各美其美、美美与共。马克思从中学时代就树立了"为大多数人带来幸福"的道德理想。在马克思看来，"道德的基础是人类精神的自律"。但是马克思从不把道德视为空虚的理念，而是以唯物史观为理论基石，揭示了道德与经济关系之间的必然联系及其变化和发展规律，强调道德的实践能动作用，把人的自由发展视为社会发展的道德标志。列宁在《青年团的任务》中直接驳斥资产阶级诬蔑我们共产主义者"否定任何道德"的错误片面论调，旗帜鲜明、义正词严地提出"道德是为人类社会上升到更高的水平，为人类社会摆脱对劳动的剥削服务"的重要论断。正是这种对于解放人类、追求理想的自觉担当以及尊重客观规律的实践态度，与中华文明的道德传统形成了强烈的共鸣，而这一点在中国共产党人严于律己、艰苦奋斗的革命精神中得到了最为充分的体现。

　　总体而言，在天人合一、天生人成的大前提下，中华文明长久地保持着奋进的、乐观的现世态度，从未陷入虚无主义的泥淖以至于祈求神秘莫测的彼岸天国。如孔子所说"天生德于予"，正是这种实在的、积极的宇宙观与天下观，使中国人相信人类社会本应是有序的、合理的、丰富的、美好的，而不是无序的、无理的、贫乏的、丑陋的。如孟子所说"诚者，天之道也；思诚者，人之道也"。如荀子所说"天有其时，地有其财，人有其治，夫是之谓能参"。从大禹治水，到汤武革命，从周公制礼作乐，到商鞅变法，正是对于"天"或"自然"的信任及尊重、对人的主观能动性的充分确认，中国人才会前赴后继地追求一个人人各得其所、各尽其职的理想世界，形成了建设性的社会观与道德观。正如马克思所说："哲学家们只是用不同的方式解释世界，而问题在于改变世界。"实践性是马克思主义理论区别于其他理论的显著特征，马克思始终站在人民的立场探求人类自由解放的道路，以科学的理论为最终建立一个没有压迫、没有剥削、人人平等、人人自由的理想社会指明了方向。近代以后，争取民族独立、人民解放和实现国家富强、人民幸福就成为中国人民的历史任务。十月革命一声炮响，给中国送来了马克思列宁主义。无论从中华文明的发展逻辑来看，还是从马克思主义的基本特点来看，这次相遇都具有历史的必然性。换言之，正是中华优秀传统文化与马克思主义的彼此契合，最终造就了中国共产党，从根本上促成了中华优秀传统文化与马克思主义的有机结合。

二、"结合"的结果是互相成就

习近平总书记指出，"结合"的结果是互相成就，造就了一个有机统一的新的文化生命体，让马克思主义成为中国的，中华优秀传统文化成为现代的，让经由"结合"而形成的新文化成为中国式现代化的文化形态。能够互相成就的两个主体，必然具有相通的价值观念、目标追求、思维方式等。马克思主义和中华优秀传统文化产生于不同历史背景，但存在内在的高度契合性。中国共产党人深刻认识和把握这种契合性，在中国革命、建设、改革的伟大实践中，将马克思主义基本原理同中华优秀传统文化相结合，产生了丰硕成果。马克思主义基本原理同中华优秀传统文化的结合，不是"拼盘"，不是简单的"物理反应"，而是深刻的"化学反应"。这个"化学反应"造就了一个有机统一的新的文化生命体，让经由"结合"而形成的新文化成为中国式现代化的文化形态。这一文化形态深深植根于中华优秀传统文化，体现科学社会主义的先进本质，借鉴吸收一切人类优秀文明成果，代表人类文明进步的发展方向，展现了不同于西方现代化模式的新图景。

马克思主义把先进的思想理论带到中国，以真理之光激活了中华文明的优秀基因，引领中国攻坚克难，走向现代世界，从根本上推动了中华文明的现代更新与现代转型。自18世纪以至于当代，人类的现代化进程出现了三次大的跃升，全球工业产量以及人口数量均实现了前所未有的突破。然而，西方"现代化"因其自身弊端所造成的全球性恶果从未消失，且愈演愈烈。冷战结束以后，贫富悬殊与环境破坏非但没有减弱，反而更为严重地导致了人的异化以及人文精神的严重流失，在区域争端、资本剥削、技术失控的多重压抑下，西方现代化的模式受到了更多质疑。实事求是地看，古代中国并不是偏居世外的"桃花源"，君主专制、土地兼并等内部问题长久地损伤着中华文明的元气，一度使中国人民陷入难以克服的治乱循环。然而，与西方的现代化起步相比，中国人无法亦从未试图通过海外殖民掠夺、军事扩张等手段进行工业化的原始积累。恰恰相反，中国的现代化诉求是以其作为西方现代化的受害者的身份而开启的。正是因为这一原因，中国的革命者抑或中国人民，从不排斥向西方学习，但对于西方帝国主义的重利轻义、损人利己，亦有着深刻的认识以及厌恶。因此，现代化不等于西方化。在马克思主义的指导下所实现的现代化无疑是中国的奋斗目标，而对这一目标的实现也意味着对于西方现代化模式所裹挟的种种弊端的超克。

1. 马克思主义对中华文明的激活，体现在从"民本"到"民主"的转变。

如《尚书·皋陶谟》所说："天聪明，自我民聪明；天明畏，自我民明威。"如《孟子》所说："民为贵，社稷次之，君为轻。"在中华文明的视域内，"民"有着本体论与价值论层面的优先性与重要性，人民是政权合法性的最终保证。自三代以下，"民本"思想便成为历代统治者不得不予以承认的一条"铁律"，统治者必须保证人民的生存和受教育的权利。但是，"民本"思想的矛盾在于一方面承认人民的天生的德性，否认人民在行动上的自发性。如马克思所说，"历史活动是群众的活动"。人民性是马克思主义最鲜明的品格，让人民获得解放是马克思毕生的追求。中国共产党来自人民，也必须扎根于人民，把为人民谋幸福作为根本使命，坚持全心全意为人民服务的根本宗旨，贯彻群众路线，尊重人民主体地位和首创精神，始终保持同人民群众的血肉联系。从民本到民主，习近平总书记创造性地提出了"人民至上论"，继承并发展了中华优秀传统文化中的民本思想，以人民的创造性实践为源泉推进"全过程人民民主"，始终相信人民、依靠人民，充分调动人民投身社会主义建设的积极性、主动性、创造性。

2. 马克思主义对中华文明的激活，体现在从"九州共贯"到"中华民族共同体"的转变。

天下秩序以及相关的大一统原则，构成了中华文明的"连续性"与"统一性"的历史条件。众所周知，人类文明历史的展现都是以一定的地理空间为其基础的。中华文明发端于黄河、长江流域，东临大海，西抱高山，其间以大江、大河作为联系的命脉，以平原谷底作为生产的基地，有着较为明显的中心—四方的疆域架构。汤因比说："就中国人来说，几千年来，比世界任何民族都成功地把几亿民众，从政治文化上团结起来。他们显示出这种在政治、文化上统一的本领，具有无与伦比的成功经验。"汤因比所说的成功经验内嵌于中国人的地理疆域的想象。"中国"或说"华夏"居于天下中央，周边四方可以通过学习接受华夏文化而进入"中国"；统一的价值意义绝不只是权力的归一，更在于践行仁义、顺应民心。以天下为想象，以大一统为追求，周边的少数民族不断加入中华文明的大家庭，成为中华文明的开发者与守护者之一，形成了"九州共贯"的历史线索，保证了中华文明的延续发展。与此相应，马克思主义主张民族平等，同时又强调各民族团结联合。民族平等和民族团结，关系密切而不可分割。民族平等是民族团结的基础与前提，民族团结则是实现民族平等的保证。习近平总书记强调，做好新时代党的民族工作，要把铸牢中华民族共同体意识作为党的民族工作的主线。从"九州共贯"的历史传统到铸牢中华民族共同体意识，就是要引导各族人民牢固树立休戚与共、荣辱与共、生死与共、命运与共的共同体理念，实现好、维护好、发展好各民族根本利益，有效应对实现中华民族伟大复兴过程中民族领域可能发生的风险挑战，为党和国家兴旺发达、长治久安提供重要思想保证。

3. 马克思主义对中华文明的激活，体现在从"富民厚生"到"共同富裕"的转变。

中国古代的思想家们在探索治国安邦之道的漫长过程中逐渐形成了关于"富民厚生"的宝贵思想，在"民本"思想的基础上，提出了许多富有建设性的见解。诸如"易其田畴，薄其税敛，民可使富也""王者富民，霸者富士，仅存之国富大夫""凡治国之道，必先富民。民富则易治也，民贫则难治也"等，均表达了追求富民强国的意愿，将民众的生活富庶视为国家治理的重要标尺与关键环节，以民富为国富的前提，重视节用薄敛、不与民争利等政治原则。党的二十大报告指出："中国式现代化是全体人民共同富裕的现代化。""共同富裕"是新时代中国共产党人科学运用马克思主义基本原理、深刻把握人类社会发展大势、着眼实现第二个百年奋斗目标、立足我国发展新的历史阶段作出的重大战略抉择，集中体现了我们党坚持以人民为中心的发展思想与中华优秀传统文化中所蕴含的"富民"思想的有效统一。进入新时代，在全党全国各族人民的共同努力下，我国如期实现脱贫攻坚和全面建成小康社会目标任务，推进共同富裕迈出坚实步伐。共同富裕是全体人民的共同富裕，不是少数人的共同富裕，这就要求正确处理效率和公平的关系，在做大"蛋糕"的同时分好"蛋糕"。因此，应加大税收、社保、转移支付等调节力度，缩小收入和财富分配差距，促进收入分配公平。

中华优秀传统文化充实了马克思主义的文化生命，推动马克思主义不断实现中国化、时代化的新飞跃，赋予马克思主义更多中国特色、中国风格、中国气派，让马克思主义展现出更强大、更有说服力的真理力量。一百多年来，我们党坚持运用马克思主义世界观和方法论解决中国问题，得出符合中国实际的规律性认识，不断推进马克思主义中国化时代化。坚持和发展马克思主义，必须同中华优秀传统文化相结合。实践证明，马克思主义的命运早已同中国共产党的命运、中国人民的命运、中华民族的命运紧紧连在一起，它的科学性和真理性在中国得到了充分检验，它的人民性和实践性在中国得到了充分贯彻，它的开放性和时代性在中国得到了充分彰显。

4. 中华优秀传统文化对马克思主义的文化生命的充实，体现在中华文明的"知行合一"与马克思主义的"实践论"的深度结合。

知行合一，是中华优秀传统文化的重要特质。从愚公移山的传说到长城、都江堰、大运河的修建，中华民族的一部发展史，就是一部改造自然、艰苦创业的奋斗史。先秦思想家荀子曾经说过：

"道虽迩，不行不至；事虽小，不为不成。"自古以来，不尚空谈，重视实践，一直是中华民族的传统美德。敦于实行，以干为先，是中国人民数千年以来迈向理想社会的基本方式。马克思曾经说过："全部社会生活在本质上是实践的。"归根结底，马克思主义是实践的理论，实践性是马克思主义理论区别于其他理论的显著特征。马克思主义从实践的角度把握人与社会的根本属性，中华文明则以实干作为兴邦定国的万世良方，从"农村包围城市"到"社会主义市场经济"，从"三个代表"重要思想到科学发展观，再到习近平新时代中国特色社会主义思想，中国共产党人始终坚持对马克思主义的活学活用，不懈推进着马克思主义的理论创新、实践创新。正是在这个意义上，实践构成了新时代中国特色社会主义的基本精神。不干，半点社会主义也没有。当前我国正处于全面建设社会主义现代化国家的关键时期，通过实践这个枢纽将中华优秀传统文化与马克思主义基本原理结合在一起，将发生一加一大于二的"化学作用"，开拓出中国特色社会主义的广阔前景。

5. 中华优秀传统文化对马克思主义的文化生命的充实，体现在人民群众日用而不觉的共同价值观念与马克思主义的道德理想的深度结合。

中华民族向来将"道德"视为最重要的价值诉求，中华优秀传统文化中的道德观是中华民族长期形成并积累下来的道德精神和行为规范，具有鲜明的历史意蕴和时代价值。以儒家为代表，中华优秀传统文化重视个人德性的培养，强调不断地修身与学习。如"自强不息，厚德载物"，如"富贵不能淫，贫贱不能移，威武不能屈"，自古以来的仁人志士留下了丰富的道德养分，对追求私心、私欲加以贬斥，对公心、正气加以颂扬，在中华文化的长期发展中，逐步形成了以重视礼义廉耻、奉行仁爱忠孝为核心的传统美德体系。马克思主义要求不断提高人的思想觉悟和道德品质，并认为真正的道德是道德理论与道德实践的统一。马克思和恩格斯指出，我们"不是从观念出发来解释实践，而是从物质实践出发来解释各种观念形态"。道德不能脱离人的价值理念，道德背后一定承载着人的具体生活。道德不可能只在纯粹的思想领域中发生，对道德的理解和建构，必须上升到现实的人所生活的现实的世界中去，必须对现存世界的生产条件和现实的个人的社会关系加以批判性考察。在建设社会主义的过程中，中华民族传统美德构成了社会主义美德的基础。习近平总书记指出："人无德不立，品德是为人之本。止于至善，是中华民族始终不变的人格追求。我们要建设的社会主义现代化强国，不仅要在物质上强，更要在精神上强。精神上强，才是更持久、更深沉、更有力量的。"

6. 中华优秀传统文化对马克思主义的文化生命的充实，体现在中华文明的开放包容与马克思主义的不断创新的深度结合。

文明是平等的，在人类大家庭中，组成人类文明的各个板块都各有千秋，没有高低、优劣之分。

要推动马克思主义与中华优秀传统文化的持续结合，就永远必须秉持平等、谦虚的态度，抵制傲慢和偏见，保卫人类文明交流的平等原则。与中华优秀传统文化相结合的马克思主义具有更为宏阔的胸怀与事业，对各国人民创造的优秀文明成果，予以学习借鉴，不断进行对外文化交流和不同层次的文明对话，学习他者的优长。这既是马克思主义的精髓所在，也是中华优秀传统文化的智慧所在。以世界文化的发展史为参照，不同文化互相交流、互相开放、互相补充，是人类社会发展的客观要求和必然趋势。开放创新，才能造就源源不断的文化生机；固步自封，只会让文化丧失内在活力。回顾历史，一个国家、一个民族的文化，即便已经取得了较大的成果，也必须在更为广阔的文化世界中汲取营养，加强对外文化交流，推进多层次文明对话。面对复杂多变的国际形势，中国以更为自信的姿态参与世界文化的交流，缔造博大、丰富的文化气象，保持了马克思主义与中华优秀传统文化之间的持续交融、彼此促进。

由此可见，当代中国的伟大社会变革，不是简单延续我国历史文化的母版，不是简单套用马克思主义经典作家设想的模板，不是其他国家社会主义实践的再版，也不是国外现代化发展的翻版。社会主义并没有定于一尊、一成不变的套路，只有把科学社会主义基本原则同本国具体实际、历史文化传统、时代要求紧密结合起来，在实践中不断探索总结，才能把蓝图变为美好现实。在建设中国特色社会主义的过程中，马克思主义中国化时代化实现了新的飞跃，日益显示出鲜明的中国风格与中国气派，让中国化马克思主义成为中华文化和中国精神的时代精华，让马克思主义的文化生命得以持续更新、发展壮大。

三、"结合"筑牢了道路根基

中国特色社会主义道路是在马克思主义指导下

走出来的，也是从五千多年中华文明史中走出来的。19世纪以来，在西风东渐的大变局之下，中国人常以"旧邦新命"为其自期，力求丰富中国的文明内涵，使之既能应对现代化过程中的种种考验，亦能以我为主、繁衍生息，不坠本有的文明理想。习近平总书记强调，"结合"筑牢了道路根基，让中国特色社会主义道路有了更加宏阔深远的历史纵深，拓展了中国特色社会主义道路的文化根基。马克思主义中国化时代化这个重大命题本身就决定，我们决不能抛弃马克思主义这个魂脉，决不能抛弃中华优秀传统文化这个根脉。坚守好这个魂和根，是理论创新的基础和前提。中国式现代化深深植根于中华优秀传统文化，体现科学社会主义的先进本质，是人口规模巨大的现代化、是全体人民共同富裕的现代化、是物质文明和精神文明相协调的现代化、是人与自然和谐共生的现代化、是走和平发展道路的现代化。扎根广袤中华大地，汲取中华文明的文化养分，中国特色社会主义道路积淀深厚、底蕴丰富，生机昂扬，充满活力。

1. "结合"让中国特色社会主义道路有了更加宏阔深远的历史纵深。

中国共产党历来用历史唯物主义的立场观点方法看待中华民族历史,从中汲取经验,增强历史自觉。中华民族重视历史、研究历史,具有深厚的历史意识,讲求以史为鉴、读史明智。自三代以来,以周公"制礼作乐"为代表,分封诸侯的形式构成了以宗法制为内核的统治模式,为广土众民的治理设立了"亲亲""尊尊""贤贤"相结合的基本原则。秦代再造了中国的大一统格局,然而其制度成果则是由两汉加以消化以及巩固的。"经"带有规范、标准、真理的含义。经过秦末农民战争的洗礼,汉初统治者改变了"以法为教,以吏为师"的治国策略,先取黄老之术,主张休息养民。至于汉武帝,罢黜百家,独尊儒术,儒家经典中所蕴含的人伦、礼乐、天人关系,深刻地影响此后中国的文教体系,成为古代中国人的知识来源以及道德规范。魏晋而至于唐宋的中国历经多次大规模混乱而最终得以安定。在此期间，秦汉帝国所奠基的大一统王权及其郡县制度受到了多次的冲击，秦汉以来的职官制度、封爵制度、选官制度等，亦经历了多次调整与重塑。从两汉的内外廷制度到唐代的三省六部制，从两汉的察举制到魏晋时期的九品中正制，包括官员的权力范围、行政设计、选拔机制，均有诸多创举。唐宋时期的中国在经济、文化、政治等领域均发生了重大的变化。自宋初确立"文治"的国策，扩大科举规模，归并地方财政、军权，消除了藩镇隐患，实现了由贵族政治转向平民政治的历史性转变。唐代以前的门阀制度为寒门庶族的崛起所打破，重农抑商为城市商业活动以及海运贸易所冲击，一个蕴含着近现代文官政府、平民社会的中国已经初见雏形。明清时期的中国在我们的固有印象中已经趋于封闭落后，实际上，在西方文明展开大航海时代的同时，明清中国仍在一定程度上参与着世界历史的宏大进程，同时对内进行统一的多民族国家的巩固。总而言之，中华文明的发展史，实际上也是一部制度改革史，中国人以其

"穷则变，变则通，通则久"的精神，贯彻着"以民为本""选贤举能"等基础原则，不断适应新的发展需求，保持本有的理想信念。马克思主义基本原理同中华优秀传统文化相结合，也就意味着将五千多年文明历史纳入马克思主义的理论宝库之中，从而为中国特色社会主义道路构筑了前后相续的历史纵深，一切中国历史上兴衰成败、得失利弊的具体经验，一切中国历史的制度创新、文化改革的生动案例，都可以成为我们今天建设中国特色社会主义的重要镜鉴。

2. "结合"拓展了中国特色社会主义道路的文化根基。

中华民族拥有着五千多年辉煌灿烂的文化史。如《周易》所说："观乎天文，以察时变，观乎人文，以化成天下。"马克思主义论述的人的真正的自由和审美是建立在社会发展的基础上的。而中华文明以尊重人伦、自然为核心的道德生活与人文关怀，正是以切实的社会关系、自然环境为依据，为百姓提供了生生不息的文化传统。一方面，中华优秀传统文化重视家庭，强调以家为本，亲亲为大。在中华文明的视域中，宇宙自然化育万物、生机无限，具有"生生"之德，如《易传·系辞》所说："天地之大德曰生"，"生生之谓易"。宇宙的境界虽然高远，但其根本却生长于夫妇之道。在中国人看来，有男女而后有夫妇，有夫妇然后有父子。家庭就是小的宇宙。重视家庭、建设家庭的最终目的，在于建设"老吾老以及人之老，幼吾幼以及人之幼"的理想社会。因而，中华文明讲求孝道，以孝亲为道德伦理的起点。而"慎终追远"则使先人的生命在精神意义上得以延续，使今人的得以培养超越死亡焦虑的"生生"情怀，涵养仁义礼智等个人德性，体会天地之大美，最终达到真善美的合一。另一方面，中华优秀传统文化重视人与自然的和谐共处。"万物并育而不相害，道并行而不相悖"出自《礼记·中庸》，"道"在古代中国被视为宇宙真理的代表。"万物并育"表达了中国传统文化对于人与天地万物之间应有的包容、共存的诉求，主张人必须对自然万物采取一视同仁的态度，善待一切生物与周边环境，保持对于天地宇宙的敬畏与热爱，从而与自然共处于和谐、从容的共生状态。通过营造千千万万家庭的幸福生活，通过尊重自然、融洽物我的人文理想，"家国天下"的文化传统与中华文明现代化转型形成了互相的支持，使中国特色社会主义道路的文化根基得到了有效拓展。

3. 中国式现代化赋予中华文明以现代力量，中华文明赋予中国式现代化以深厚底蕴。

现代化是指工业革命以后政治、经济、社会、文化等领域所发生的系统性变革。这一过程起源于15 世纪的欧洲而逐步扩延至全世界，在生产力以及相应的生产关系的层面历经了长期的、不可逆的整体演进，逐步形成了一套几乎"放之四海而皆准"的范式与标准。中国式现代化是强国建设、民族复兴的康庄大道。中华文明近百年的艰苦奋斗，就是为了建设一个强大的现代化国家，重新屹立在世界民族之林。在庆祝中国共产党成立 100 周年大会上，习近平总书记正式宣告："我们坚持和发展中国特色社会主义，推动物质文明、政治文明、精神文明、社会文明、生态文明协调发展，创造了中国式现代化新道路，创造了人类文明新形态。"在中国共产党的领导下，中国的革命与改革呈现了一种与西方现代化迥然不同的演进逻辑。回望现代工业文明取代传统农业文明的剧变，以资本的欲望及其工具理性为主导，一面是科学革命所创造的生产力的大飞跃，另一面却是极端个人主义与逐利观念的泛滥；人类社会的基础秩序与道德伦理日益沦丧，暴力冲突、种族矛盾、贫富悬殊等问题愈演愈烈，为人类带来了无穷的痛苦。因此，对于中国而言，现代化既不等于成为另一个"现代西方"，更不等于割断"传统"与"现代"，或者将其等同于"落后"与"先进"。中国式现代化是赓续古老文明的现代化，而不是消灭古老文明的现代化；是从中华大地长出来的现代化，不是照搬照抄其他国家的现代化；是文明更新的结果，不是文明断裂的产物。中国式现代化是中华民族的旧邦新命，必将推动中华文明重焕荣光。

四、"结合"打开了创新空间

习近平总书记在文化传承发展座谈会上指出："'结合'打开了创新空间。'结合'本身就是创新，同时又开启了广阔的理论和实践创新空间。'第二个结合'让我们掌握了思想和文化主动，并有力地作用于道路、理论和制度。"马克思主义是我们建设中华民族现代文明的根本指导思想，源远流长、博大精深的中华优秀传统文化是中国人民的智慧结晶。坚持理论创新和实践创新是中国共产党百余年奋斗的历史经验，也是立足新发展阶段、夺取新战略目标的成功密码。从理论维度看，理论创新是马克思主义以及无产阶级政党的内在特质，也是指导无产阶级革命及其所领导的改革走向不断胜利的关键，坚持马克思主义就应该追求真理，勇于自我突破；从实践维度看，中国共产党在领导革命、建设、改革的历程中，实事求是，打破教条主义束缚，依靠理论创新实现从胜利走向新的胜利，走出了前人所没有预想的成功之路。在近百年的中国现代革命、改革历程中，中国人民经历了从"全盘西化"到"洋为中用，古为今用"的重大变化，激进的、极端的反传统主义得到了深刻的反思。与既往的创新相比，新时代的理论创新和制度创新，更为强调继承和弘扬具有五千多年历史的中华文明，贯通古今、博采众长，以更具辩证思维的学习态度向中华优秀传统文化汲取智慧。不忘历史才能开辟未来，善于继承才能善于创新。理论、制度等总是在借鉴吸收前人已有成果的基础上不断向前发展的。马克思主义和中华优秀传统文化相互契合、有机结合，造就了一个有机统一的新的文化生命体。这本身就是一个重大创新，同时也开拓了理论创新和实践创新的宽广场域。

1. 我们党开创的人民代表大会制度、政治协商制度，与中华文明的民本思想，天下共治理念，"共和""商量"的施政传统，"兼容并包、求同存异"的政治智慧都有深刻关联。

正如马克思所说，资产阶级宣扬的那种表面上普遍、平等和自由的公民权，实际上最终是由生产资料所有制决定的。"各个人在资产阶级的统治下被设想得要比先前更自由些，……事实上，他们当然更不自由，因为他们更加屈从于物的力量。"在西方"国家—社会"的二分框架内，民主生活必须长期诉诸对抗性的政治运动。与此相比，以民本思想为基石，中华文明历来强调"共和""共治"，设置台谏、改革吏制、创立科举、推广教育，保证政治生活的内部活力，与民同忧乐，顺应民心、使民监督国家。如顾炎武所说："天下兴亡，匹夫有责。"天下乃天下人之天下，权力乃天下人之公器。中国人历来有着家国天下的担当精神，如孟子所说："人皆可以为尧舜。"在中国古代的圣贤看来，仁义礼智是人之本性，人民可以通过学习、修身而获得参与建设家国天下的资格，统治者必须广开言路、从谏如流，接纳不同意见，充分考虑民意、民情。中国共产党的诞生与发展，正是因为承担中国古代政治转向现代政治的这一内在历史任务，才能以崭新的、现代的政治组织形式完成崭新的、现代的现代政治革命，领导中国人民走出困境，实现民族复兴。在五四新文化运动以来的革命斗争中，经过中国共产党人的重新锻造，突破了"民本"的极限，创造性地转化、生成了"人民"的历史主体性。因此，以实现人民当家作主为最终目的，人民代表大会制度、政治协商制度植根于中国悠久的历史文化传统，缔造于近现代以来中国共产党领导中国人民进行的伟大革命斗争之中，在改革开放以来中国特色社会主义建设中得到了重大发展，既是实现民族复兴与人民幸福的重要力量，也是具有鲜明中华文明特色的政治制度。与西方现代政治中所隐藏的"资本至上"相比，中国共产党人所开创的人民代表大会制度、政治协商制度及其所坚持的"人民至上"，在继承"民本""共治"思想的基础上，既克服了现代民主政治与中国传统习俗的"水土不服"，又超越了西方民主制中所预设的对抗的、个体的政治逻辑。

2. 我们没有搞联邦制、邦联制，确立了单一制国家形式，实行民族区域自治制度，就是顺应向内凝聚、多元一体的中华民族发展大趋势，承继九州共贯、六合同风、四海一家的中国文化大一统传统。

明清以降，通过多年努力，多元异质的满、汉、蒙、回、藏等地得以整合在中国之内，形成了一个疆域空前广大的大一统格局。这一文明秩序在西方国家的政治标尺之下被污蔑为以中央集权为依据的民族压迫，而其自身通过殖民掠夺、种族灭绝所犯下的累累暴行却遭到了刻意的忽视。自古以来，中国人认为世间万物都生活于"普天之下"，"中国"居于天下中央，周边四方可以通过学习接受华夏文化而融入"中国"，形成了"内外一体"

"华夷混同"的理想形态。正如王夫之所说："中国之所以异于夷狄者，唯仁而已。"以仁为本、兼爱天下，是中华文明绵延不绝的价值诉求。习近平总书记指出："如果不从源远流长的历史连续性来认识中国，就不可能理解古代中国，也不可能理解现代中国，更不可能理解未来中国。"对于"结合"而言，我们必须明确中国特色社会主义事业在中华民族发展史上的具体位置，从而赓续、传承、坚守中华民族的光荣与梦想。"万物并育""和而不同"是中华文明对于大一统的理想诉求。纵观民族区域自治制度的形成与发展过程，它在历史逻辑上根植于中国的政治传统，是中华政治文明内生性演化的结果。与西方历史来比较，"大一统而又因俗而治"的理念，促使中国共产党创造性地在新中国历史上实行了将国家统一与民族自治相结合的民族区域自治制度。由此，通过民族区域自治的宪制设计，中华人民共和国一方面赓续了"大一统而又因俗而治"的政治传统，另一方面安排发挥了以社会主义为核心的多元整合的国家建构功能。在中国共产党的领导下，全体中华儿女将围绕实现中华民族伟大复兴中国梦一起来想、一起来干，坚定文化自信，加强中华文化认同，形成各民族相互依存、相互促进、共同发展的基本关系。以铸牢中华民族共同体意识为主线，我们将坚定不移走中国特色解决民族问题的正确道路，坚持和完善民族区域自治制度，加强和改进党的民族工作，全面推进民族团结进步事业。

3. 更重要的是，"第二个结合"是又一次的思想解放，让我们能够在更广阔的文化空间中，充分运用中华优秀传统文化的宝贵资源，探索面向未来的理论创新和制度创新。

思想解放是人类文明进步的精神动力。思想解放意味着人类的思想、行为方式与价值诉求超越旧的形式，充分发挥人的主观能动性，取得新的成果，走向新的境界，推动人类的整体进步。与一般意义上的"思想解放"相比，马克思主义中国化时代化进程中的"思想解放"具有鲜明的实践性，中国共

产党带来中国人民进行革命、建设、改革的历程，
就是一部不断"解放思想"的光荣历史。1978 年，
刊登于《光明日报》的理论文章《实践是检验真理
的唯一标准》，引发关于真理标准问题的全国性大
讨论，造成了马克思主义中国化时代化进程中的一
次具有里程碑意义的思想解放，而改革开放的实践
进程又反过来进一步促进了思想解放的深入。由此，
邓小平给"马克思主义理论视域中的思想解放"下
了一个明确的定义："什么叫解放思想？我们讲解
放思想，是指在马克思主义指导下打破习惯势力和
主观偏见的束缚，研究新情况，解决新问题。"党
的十八大以来，以习近平同志为核心的党中央对中
华优秀传统文化有了更深刻的、更全面的认识。在
带领中国人民进行革命、建设、改革的长期历史实
践中，中国共产党人始终是中华优秀传统文化的忠
实继承者和弘扬者。从"一个结合"到"两个结
合"，是我们党的一次重大理论创新。习近平总书
记指出："对古代的成功经验，我们要本着择其善
者而从之、其不善者而去之的科学态度，牢记历史

经验、牢记历史教训、牢记历史警示，为推进国家治理体系和治理能力现代化提供有益借鉴。"中国在人类发展几千年文明史上，曾经长期处于领先地位，不断积累逐步形成了一整套国家治理体系与丰富的文化传统，诸如集中统一的郡县制度、选贤任能的科举制度、自上而下的监察制度等。"第二个结合"为我们打开这一蕴藏着无限智慧的思想宝库提供了更为明确的路径，为马克思主义中国化时代化提供了更为坚实的支撑。"第二个结合"将进一步打破古今之间的文化隔阂、思想隔阂之后，通过提升文化自信，致力于创新性发展、创造性转化，从而在理论、实践、文化等多个维度实现创新与变革。

五、"结合" 巩固了文化主体性

习近平总书记在文化传承发展座谈会上指出，"结合"巩固了文化主体性，创立习近平新时代中国特色社会主义思想就是这一文化主体性的最有力体现。中华民族现代文明要行得远，要有引领力、凝聚力、塑造力、辐射力，就必须有自己的主体性。中国共产党历来重视文化，新时代我们在道路自信、理论自信、制度自信的基础上增加了文化自信。文化自信就来自我们的文化主体性。主体性是主体相对于客体才有的意识，主体性即意味着独立自主的行动能力与自觉、自为的思考能力，具备主体性才能掌握自身命运，呈现独有的历史意义。一个民族、一种文化要具有超越时空的凝聚力与生命力，必须具有主体性。近代以来，面对西方帝国主义的入侵，在生产力相对落后的情况下，中国人民一度陷入严重的自我怀疑乃至自我否定的失败情绪之中，产生了激进的反传统主义。正如鲁迅所发出的呐喊："中国人失掉自信力了吗？"马克思主义是中华文化主体性发生动摇之时传入中国的，中华文化主体性自此开始了艰难的自我新生。正是中华优秀传统文化中自强不息的创新精神、厚德载物的开放态度、天下为公的正义追求，推动中华民族独立自主地选择了马克思主义作为救亡图存的指导思想。一方面，千百年来以中国人为自觉的中华文明在历史发展中体现出的文化意识，构成了中华民族与马克思主义相遇从而实现马克思主义中国化时代化的基本条件；没有文化主体性，中华优秀传统文化与马克思主义之间就失去了最重要的黏合剂。另一方面，文化主体性是文化自信的前提，文化自信是文化主体性的重要体现。有了文化主体性，就加强了新时代中国特色社会主义事业的自我认知，有了担负新的文化使命的坚定与自觉，从而与道路自信、理论自信、制度自信形成互相支持、互相促进。

1. 这一主体性是中国共产党带领中国人民在中国大地上建立起来的；是在创造性转化、创新性发展中华优秀传统文化，继承革命文化，发展社会主义先进文化的基础上建立起来的；是通过把马克思主义基本原理同中国具体实际、同中华优秀传统文化相结合建立起来的。

中国共产党是在五四新文化运动的洗礼中得以

孕育产生的，五四新文化运动爆发于民族危难之
际，是一场彻底反帝反封建的伟大爱国革命运动，
是一场传播新思想新文化新知识的伟大思想启蒙运
动，以磅礴之力鼓动了中华民族实现伟大复兴的志
向和信心。中国共产党一经诞生，就把为中国人民
谋幸福、为中华民族谋复兴确立为自己的初心使
命。一百多年来，中国共产党团结带领中国人民进
行的一切奋斗、一切牺牲、一切创造，归结起来就
是一个主题：实现中华民族伟大复兴。为了实现中
华民族伟大复兴，中国共产党团结带领中国人民，
浴血奋战、百折不挠，创造了新民主主义革命的伟
大成就，形成了激励人心的革命文化。党的十八大
以来，中国特色社会主义进入新时代，我们坚持和
加强党的全面领导，中国共产党团结带领中国人
民，自信自强、守正创新，统揽伟大斗争、伟大工
程、伟大事业、伟大梦想，创造了新时代中国特色
社会主义的伟大成就。习近平总书记指出："我们
生而为中国人，最根本的是我们有中国人的独特精
神世界，有百姓日用而不觉的价值观。我们提倡的

社会主义核心价值观，就充分体现了对中华优秀传统文化的传承和升华。"从人类的发展历程来看，生产力与生产关系的进步往往伴随着剧烈的政治革命或思想革命，从而将既有的秩序架构予以彻底摧廓，以便重新建设。然而，纵观中华文明的发展史，可见其迥异于其他文明的一大特性，恰如冯友兰在《西南联大纪念碑碑文》中所描述的"唯我国家，亘古亘今，亦新亦旧"。中国共产党的诞生、发展、进步，离不开两个根源，就是马克思主义理论和中华优秀传统文化，这二者构成了中国共产党的深层底蕴。自古而今，中华文明呈现了强大的连续性，一代又一代中国人承前启后，缔造了层层积淀、根系相通的文明成果。中华优秀传统文化与诞生于中国人民一百多年来光荣奋斗之中的革命文化和社会主义先进文化，共同构成了伟大的中华文化的主体与主流，连接着中华民族的过去、现在和未来，辩证地统一于中国特色社会主义的伟大实践，形成了精神上的贯通、渗透、交融。

习近平总书记指出："中华民族拥有在5000多

年历史演进中形成的灿烂文明，中国共产党拥有百年奋斗实践和 70 多年执政兴国经验，我们积极学习借鉴人类文明的一切有益成果，欢迎一切有益的建议和善意的批评，但我们绝不接受'教师爷'般颐指气使的说教！中国共产党和中国人民将在自己选择的道路上昂首阔步走下去，把中国发展进步的命运牢牢掌握在自己手中！"促进文化主体性的巩固，必须坚持平等交流、独立自主的原则，既不妄自尊大，也不妄自菲薄，对古今中外一切优秀文明成果均予以借鉴学习，为我所用，把文化发展的主导权牢牢掌握在自己手中。面对中国之问、世界之问、人民之问、时代之问，我们需要从理论与实践的结合上提交答案。要牢固树立大历史观，以更宽广的视野、更长远的眼光把握世界历史的发展脉络和正确走向。当今世界正经历百年未有之大变局，国际环境日趋复杂，不稳定性不确定性明显增多。开放创新，才能造就源源不断的文化生机；固步自封，只会让文化丧失内在活力。回顾历史，一个国家、一个民族的文化，即便已经取得了较大的成果，也必须在更为广阔的文化世界中汲取营养，加强对外文化交流，推进多层次文明对话。面对复杂多变的国际形势，文化主体性的建立与维持，有赖于马克思主义与中华优秀传统文化之间的持续交融、彼此促进，从而以更为自信的姿态参与世界文化的交流。

2. 创立习近平新时代中国特色社会主义思想就是这一文化主体性的最有力体现。有了文化主体性，就有了文化意义上坚定的自我，文化自信就有了根本依托，中国共产党就有了引领时代的强大文化力量，中华民族和中国人民就有了国家认同的坚实文化基础，中华文明就有了和世界其他文明交流互鉴的鲜明文化特性。

文化自信根植于文化主体性，文化主体性则提供了中华文明贯通于古今的思想深度与德性厚度。中华传统文化中的"世界大同，天下一家"的天下观和"以和为贵，和而不同"的价值观与马克思主义的思想精髓内在契合，是当代中国对世界发展的重大贡献，极具中国特色和中国智慧。根源于中华优秀传统文化的人类命运共同体科学构想，汇通于"大同""仁爱"等传统理想价值，推动了马克思主义基本原理同中华优秀传统文化相结合之后所产生的文明成果的传播、发展。文明因交流而多彩，文明因互鉴而丰富。文明交流互鉴，是推动人类文明进步和世界和平发展的重要动力，也是推动马克思主义同中华优秀传统文化相结合的必然要求。习近平总书记指出，中国共产党始终坚持拓宽理论视野，以海纳百川的开放胸襟学习和借鉴人类社会一切优秀文明成果，在"人类知识的总和"中汲取优秀思想文化资源来创新和发展党的理论，形成兼容并蓄、博采众长的理论大格局大气象。人类在漫长的历史长河中，创造和发展了各自国家和民族的文明。世界是多元的，文明也是多彩的。以坚定的文化自信为后盾，我们将秉持平等、友善、包容的态度，了解各种文明的特点，勇于开拓、海纳百川，缔造博大雄伟的文化气象，彰显中国精神、凝聚中国力量、升腾中国气象。

"第二个结合",是我们党对马克思主义中国化时代化历史经验的深刻总结,是对中华文明发展规律的深刻把握,表明我们党对中国道路、理论、制度的认识达到了新高度,表明我们党的历史自信、文化自信达到了新高度,表明我们党在传承中华优秀传统文化中推进文化创新的自觉性达到了新高度。从人类文明的发展史来看,文化关乎一个国家的根本气运。国家与社会的进步总是以文化繁荣为支撑的,中华文化的发展将为中华民族伟大复兴注入最强劲的动力。在新时代继续推动文化繁荣,打破新与旧、古与今、中与西之间的种种阻碍,去粗取精、继往开来,用中国道理总结好中国经验,把中国经验提升为中国理论,既是巩固文化主体性的必然要求,也是我们义不容辞的文化使命。我们必须立足中华民族伟大历史实践和当代实践,秉持开放包容的基本方针,坚持马克思主义中国化时代化,传承发展中华优秀传统文化,促进外来文化本土化,不断培育和创造新时代中国特色社会主义文化。在中国共产党的领导下，从历史走向未来，从传统走向现代，不断巩固文化主体性，树立文化自信，中国人民必将以守正创新的正气和锐气，赓续历史文脉、谱写中国历史的新篇章，创造属于我们这个时代的新文化，建设好中华民族现代文明。

第三章

系统把握新时代文化建设的新思想新观点新论断

　　党的十八大以来，党中央在领导党和人民推进治国理政的实践中，把文化建设摆在全局工作的重要位置。正如习近平总书记指出：统筹推进"五位一体"总体布局、协调推进"四个全面"战略布局，文化是重要内容；推动高质量发展，文化是重要支点；满足人民日益增长的美好生活需要，文化是重要因素；战胜前进道路上的各种风险挑战，文化是重要力量源泉。在实践中，我们不断深化对文化建设的规律性认识，提出一系列新思想新观点新论断。这些重要观点，是新时代党领导文化建设实践经验的理论总结，是做好宣传思想文化工作的根本遵循，必须长期坚持贯彻、不断丰富发展。

一、建设社会主义文化强国，建设中华民族现代文明

1. 坚定文化自信。

党的十八大以来，习近平总书记围绕"文化自信"作出了一系列重要论述。他多次强调：文化自信是一个国家、一个民族发展中更基本、更深沉、更持久的力量；文化自信，是更基础、更广泛、更深厚的自信；中国有坚定的道路自信、理论自信、制度自信，其本质是建立在五千多年文明传承基础上的文化自信；没有高度的文化自信，没有文化的繁荣兴盛，就没有中华民族伟大复兴。习近平总书记为何如此重视文化自信？我们应当如何理解文化自信？如何坚定文化自信？

中华文明五千多年绵延不断、经久不衰，在长期演进过程中，形成了中国人看待世界、看待社

会、看待人生的独特价值体系、文化内涵和精神品质，这是我们区别于其他国家和民族的根本特征，也铸就了中华民族博采众长的文化自信。中华文明自先秦时代以来就逐渐形成了一系列独特的核心价值，包括自强不息、厚德载物、和合共生、穷变通久等。这些核心价值作为中华民族的文化基因代代相传，为中华民族生生不息、发展壮大提供了丰厚滋养，使得中华民族能够在危急关头一次次攻坚克难，凤凰涅槃，浴火重生，也使得中华文明在面对异质文明时能够兼容并蓄、海纳百川，不断自我丰富、自我发展。今天，中国特色社会主义进入了新时代，中国正在走近世界舞台中心，世界历史正在进入中国时刻，中华民族迎来了伟大复兴的光明前景。大国的和平发展需要文化支撑，中华民族的复兴必然伴随着中华文明的复兴。中华文明的伟大复兴，意味着中华文明所蕴含的核心价值，不但能够为中国特色社会主义的发展提供思想资源和历史智慧，而且能够为解决人类问题贡献中国智慧和中国方案。正是从这个意义上说，"建立在五千多年文明传承基础上的文化自信"，指的就是对支撑中华民族生生不息、经久不衰的中华文明核心价值的坚定自信，对中华民族和中华文明历久而弥新、旧邦而新命的历史命运的坚定自信，对中华民族和中华文明必将迎来伟大复兴光明前景的坚定自信。

坚定中国特色社会主义道路自信、理论自信、制度自信，说到底是要坚定文化自信。道路、理论、制度、文化四方面共同构成了我们对于中国特色社会主义的全局性把握，其中，"道路"是中国特色社会主义建设进程中的实践探索，"理论"是实践探索基础上的理论总结，"制度"是中国特色社会主义制度体系，"文化"是鼓舞激励全党全国各族人民奋勇前进的强大精神力量，其核心要义就是中国特色社会主义共同理想。在这四者之中，最基础、最稳定、最具有决定性的，就是代表着当代中国人民共同价值信仰和奋斗目标的中国特色社会主义共同理想。任何一个国家的发展道路和制度架构，都是由这个国家的价值理想和发展目标决定的。有什么样的价值理想和发展目标，就会走上什么样的发展道路，就会选择什么样的制度架构。文化、价值、理想、目标是道路模式和制度架构的内核，道路模式和制度架构是文化、价值、理想、目标的外化。我们之所以选择中国特色社会主义的道路模式和制度架构，在根本上就是因为我们坚定信仰和追求中国特色社会主义所昭示的价值理想和发展目标。因此，坚定"四个自信"，本质上就是坚定文化自信，就是坚定中国特色社会主义共同理想。

坚定文化自信，是事关国运兴衰、事关文化安全、事关民族精神独立性的大问题。自信才能自强。有文化自信的民族，才能立得住、站得稳、行得远。中华文明历经数千年而绵延不绝、迭遭忧患而经久不衰，这是人类文明的奇迹，也是我们自信的底气。坚定文化自信，就是坚持走自己的路。坚定文化自信的首要任务，就是立足中华民族伟大历史实践和当代实践，用中国道理总结好中国经验，把中国经验提升为中国理论，既不盲从各种教条，也不照搬外国理论，实现精神上的独立自主。要把文化自信融入全民族的精神气质与文化品格中，养成昂扬向上的风貌和理性平和的心态。与此同时，开放包容始终是文明发展的活力来源，也是文化自信的显著标志。中华文明的博大气象，就得益于中华文化自古以来开放的姿态、包容的胸怀。中华文明自古就以开放包容闻名于世，在同其他文明的交流互鉴中不断焕发新的生命力。要坚持弘扬平等、互鉴、对话、包容的文明观，以宽广胸怀理解不同文明对价值内涵的认识，尊重不同国家人民对自身发展道路的探索，以文明交流超越文明隔阂，以文明互鉴超越文明冲突，以文明共存超越文明优越，弘扬中华文明蕴含的全人类共同价值，推动构建人类命运共同体。

2. 中国式现代化是物质文明和精神文明相协调的现代化。

党的二十大报告指出：中国式现代化是物质文明和精神文明相协调的现代化。物质富足、精神富有是社会主义现代化的根本要求。物质贫困不是社会主义，精神贫乏也不是社会主义。我们不断厚植现代化的物质基础，不断夯实人民幸福生活的物质条件，同时大力发展社会主义先进文化，加强理想信念教育，传承中华文明，促进物的全面丰富和人的全面发展。

物质富足、精神富有是中国式现代化的根本要求。物质文明建设和精神文明建设齐头并进，是党长期坚持的现代化建设目标。早在党提出"四个现代化"目标之初就强调：我们要在建设高度物质文明的同时，提高全民族的教育科学文化水平和健康水平，树立崇高的革命理想和革命道德风尚，发展高尚的丰富多彩的文化生活，建设高度的社会主义精神文明。20世纪90年代，社会主义现代化建设稳步推进之时，党再次强调：要把物质文明建设和精神文明建设作为统一的奋斗目标，始终不渝地坚持两手抓，两手都要硬。任何情况下，都不能以牺牲精神文明为代价去换取经济的一时发展。1996年，党的十四届六中全会专门作出加强社会主义精神文明建设的决议。改革开放以来，党始终坚持物质文明和精神文明两手抓、两手硬，不断厚植现代化的物质基础，不断丰富人民的精神世界，成功走出了一条物质文明和精神文明相协调的中国式现代化道路。

中国式现代化的最终目标是实现人自由而全面的发展。按照马克思、恩格斯的构想，共产主义社会将彻底消除阶级之间、城乡之间、脑力劳动和体力劳动之间的对立和差别，实行各尽所能、按需分配，真正实现社会共享、实现每个人自由而全面的发展。党的十八届五中全会提出共享理念，实质就是坚持以人民为中心的发展思想，让全体人民逐步实现物质上和精神上的共同富裕，最终实现每个人自由而全面的发展。中国式现代化道路坚守人民至上理念，突出现代化方向的人民性，以实现人自由而全面的发展为最终目标，锚定人民对美好生活的向往，顺应人民对文明进步的渴望，努力实现物质富裕、政治清明、精神富足、社会安定、生态宜人，让现代化更好回应人民各方面诉求和多层次需要，既增进当代人福祉，又保障子孙后代权益，促进人类社会可持续发展。

中国式现代化创造了人类文明新形态。习近平总书记指出，中国式现代化，深深植根于中华优秀传统文化，体现科学社会主义的先进本质，借鉴吸收一切人类优秀文明成果，代表人类文明进步的发展方向，展现了不同于西方现代化模式的新图景，是一种全新的人类文明形态。西方现代化道路在追求社会物质财富增长的过程中，积累了资本野蛮生长、不平等加剧、工具理性至上、生态恶化、对外扩张等一系列现代性危机。面对这一系列危机，当代世界迫切需要回答人类社会往哪里去，人类文明往哪里去？中国式现代化蕴含的独特世界观、价值观、历史观、文明观、民主观、生态观等及其伟大实践，在价值观层面上、在人类社会和人类文明高度上，为人类社会永续、人类文明更新提供了价值指引。"人类文明新形态"，就是中国式现代化道路为当代世界指出的发展方向。

3. 铸牢中华民族共同体意识。

2014 年 5 月，习近平总书记在第二次中央新疆工作座谈会上提出了"中华民族共同体意识"

的重大论断。此后，他就这一重大主题作出了一系
列重要论述，包括：加强中华民族大团结，长远和
根本的是增强文化认同，建设各民族共有精神家
园，积极培养中华民族共同体意识；实现中华民族
伟大复兴的中国梦，就要以铸牢中华民族共同体意
识为主线；必须以铸牢中华民族共同体意识为新时
代党的民族工作的主线，推动各民族坚定对伟大祖
国、中华民族、中华文化、中国共产党、中国特色
社会主义的高度认同，不断推进中华民族共同体建
设；必须坚持正确的中华民族历史观，增强对中华
民族的认同感和自豪感；必须构筑中华民族共有精
神家园，使各民族人心归聚、精神相依，形成人心
凝聚、团结奋进的强大精神纽带；必须促进各民族
广泛交往交流交融，促进各民族在理想、信念、情
感、文化上的团结统一，守望相助、手足情深；等
等。这些重要论述，是做好新时代党的民族工作，
铸牢中华民族共同体意识的根本遵循。

　　做好新时代党的民族工作，要把铸牢中华民族
共同体意识作为党的民族工作的主线。铸牢中华民

族共同体意识，就是要引导各族人民牢固树立休戚与共、荣辱与共、生死与共、命运与共的共同体理念。铸牢中华民族共同体意识是维护各民族根本利益的必然要求，只有铸牢中华民族共同体意识，构建起维护国家统一和民族团结的坚固思想长城，各民族共同维护好国家安全和社会稳定，才能有效抵御各种极端、分裂思想的渗透颠覆，才能不断实现各族人民对美好生活的向往，才能实现好、维护好、发展好各民族根本利益。铸牢中华民族共同体意识是实现中华民族伟大复兴的必然要求，只有铸牢中华民族共同体意识，才能有效应对实现中华民族伟大复兴过程中民族领域可能发生的风险挑战，才能为党和国家兴旺发达、长治久安提供重要思想保证。铸牢中华民族共同体意识是巩固和发展平等团结互助和谐社会主义民族关系的必然要求，只有铸牢中华民族共同体意识，才能增进各民族对中华民族的自觉认同，夯实我国民族关系发展的思想基础，推动中华民族成为认同度更高、凝聚力更强的命运共同体。铸牢中华民族共同体意识是党的民族工作开创新局面的必然要求，只有顺应时代变化，按照增进共同性的方向改进民族工作，做到共同性和差异性的辩证统一、民族因素和区域因素的有机结合，才能把新时代党的民族工作做好做细做扎实。

铸牢中华民族共同体意识要正确把握一系列关系。要正确把握中华民族共同体意识和各民族意识的关系，引导各民族始终把中华民族利益放在首位，本民族意识要服从和服务于中华民族共同体意识，同时要在实现好中华民族共同体整体利益进程中实现好各民族具体利益，大汉族主义和地方民族主义都不利于中华民族共同体建设。要正确把握中华文化和各民族文化的关系，各民族优秀传统文化都是中华文化的组成部分，中华文化是主干，各民族文化是枝叶，根深干壮才能枝繁叶茂。要正确把握物质和精神的关系，要赋予所有改革发展以彰显中华民族共同体意识的意义，以维护统一、反对分裂的意义，以改善民生、凝聚人心的意义，让中华民族共同体牢不可破。

铸牢中华民族共同体意识是新时代党的民族工

作的"纲",所有工作要向此聚焦。要全面推进中华民族共有精神家园建设,要在党史、新中国史、改革开放史、社会主义发展史学习教育中,深入总结我们党一百多年来民族工作的成功经验,深化对我们党关于加强和改进民族工作重要思想的研究,加强现代文明教育,深入实施文明创建、公民道德建设、时代新人培育等工程,引导各族群众在思想观念、精神情趣、生活方式上向现代化迈进。要推广普及国家通用语言文字,科学保护各民族语言文字,尊重和保障少数民族语言文字学习和使用。

二、建设具有强大凝聚力和引领力的社会主义意识形态

1. 坚持和加强党对宣传思想文化工作的全面领导。

党管宣传,党管意识形态,是我们党在长期实

践中形成的重要原则和制度，是坚持党的领导的前提要求。中国共产党是一个高度重视思想文化建设的政党，思想建党、理论强党是中国共产党历经艰难困苦而不断发展壮大的重要条件，是党领导人民不断夺取伟大胜利的有力保障。回顾党的百年历史，中国共产党始终以思想革命为先导，将之作为唤醒群众、发动群众、组织群众积极投身民族解放与复兴事业的开路先锋。党的十八大以来，我们不断深化对宣传思想文化工作的规律性认识，立破并举、激浊扬清，就意识形态领域许多方向性、战略性问题作出部署，意识形态工作在正本清源、守正创新中取得历史性成就、发生历史性变革。习近平总书记明确指出，宣传思想工作的基本任务就是要"巩固马克思主义在意识形态领域的指导地位，巩固全党全国各族人民团结奋斗的共同思想基础"。党中央先后召开了全国宣传思想工作会议、文艺工作座谈会、新闻舆论工作座谈会、全国党校工作会议、网络安全和信息化工作座谈会、哲学社会科学工作座谈会、全国高校思想政治工作等一系列重要会议，对于宣传思想文化工作所涉及的重点领域作出了全面部署，为新时代做好意识形态工作提供了基本遵循。

坚持和加强党对宣传思想文化工作的全面领导，必须坚持党性原则。在 2013 年全国宣传思想工作会议上的讲话中，习近平总书记强调："坚持党性，核心就是坚持正确政治方向，站稳政治立场，坚定宣传党的理论和路线方针政策，坚定宣传中央重大工作部署，坚定宣传中央关于形势的重大分析判断，坚决同党中央保持高度一致，坚决维护党中央权威。所有宣传思想部门和单位，所有宣传思想战线上的党员、干部都要旗帜鲜明坚持党性原则。"坚持党性原则，就是要巩固马克思主义在意识形态领域的指导地位。马克思主义是立党立国、兴党兴国的根本指导思想，党的二十大报告指出："中国共产党为什么能，中国特色社会主义为什么好，归根到底是马克思主义行，是中国化时代化的马克思主义行。拥有马克思主义科学理论指导是我们党坚定信仰信念、把握历史主动的根本所在。"

坚定的政治信仰是做好宣传思想工作的前提。坚持党性原则，就是要坚持党管宣传，保证党的宣传思想工作体现党的意志、反映党的主张、维护党中央权威，在政治立场、政治方向、政治原则、政治道路上同党中央保持高度一致。坚持党性原则，就是要严格全面落实意识形态工作责任制，宣传思想部门承担着十分重要的职责，必须守土有责、守土负责、守土尽责。

坚持和加强党对宣传思想文化工作的全面领导，必须采取积极有效的措施。党的十八大以来，传播形势发生深刻变化，境内外各种势力借助互联网、新媒体等平台，通过培植代理人、误导国内舆论场等方式加紧对我进行意识形态攻击与渗透。面对思想和舆论领域日益复杂的斗争形势，习近平总书记要求全党同志要做战士，不要做绅士，要敢于亮剑，敢于斗争。他率先垂范，旗帜鲜明地对历史虚无主义、西方宪政民主等各种错误思潮进行批判，就一系列根本性问题阐明原则、表明立场，有效遏制了这些思潮的蔓延。同时，党中央采取有效措施积极有为进行意识形态建设：加强理论武装，推动用党的创新理论武装全党、教育人民、指导实践，不断增强意识形态领域主导权和话语权；回应社会热点，加强正面引导，充分发挥正面宣传鼓舞人、激励人的作用；高度重视高校思想政治教育，把思想政治工作贯穿教育教学全过程，实现全程育人、全方位育人；出台《英雄烈士保护法》《国家安全法》等法律法规，将意识形态管理纳入法治轨道；加强网络空间治理，引导人民树立和坚持正确的历史观、民族观、国家观、文化观，增强做中国人的骨气和底气；加强媒体治理，要求党媒姓党、政治家办新闻，主流思想舆论阵地不断壮大。这一系列新思想新部署新举措，极大增强了党在意识形态领域的主导权和话语权，开创了意识形态工作的新局面。

坚持和加强党对宣传思想文化工作的全面领导，必须树立大宣传的工作理念。全党抓宣传工作是中国共产党的优良传统和制胜法宝。1925 年党的《宣传问题议决案》要求："每一个党员不论他在什么地方，都应当宣传我们党的主义及口号"。

毛泽东同志曾说过："什么是宣传家？不但教员是宣传家，新闻记者是宣传家，文艺作者是宣传家，我们的一切工作干部也都是宣传家。"在此基础上又提出"全党办报、群众办报"的无产阶级办报方针。习近平总书记多次强调"做好宣传思想工作必须全党动手"。宣传思想工作是全体党员的任务，而不仅仅是宣传工作者的任务，各级党委要负起政治责任和领导责任，增强理论素养和实践能力，真正成为让人信服的行家里手。党的十八大以来，中央相继制定出台了《党委（党组）意识形态工作责任制实施办法》《党委（党组）网络意识形态工作责任制实施细则》，以党内法规形式对意识形态工作责任制作出制度安排。各级党委和政府部门都要树立意识形态安全意识，压实责任、落实到位、齐抓共管、形成合力。

2. 坚持马克思主义在意识形态领域指导地位的根本制度。

我们要创造的中华民族现代文明，是在马克思主义指导下的现代文明体系构建。这一原则，奠定了社会主义文化建设的基本属性与坚实根基。习近平总书记明确指出，宣传思想工作的基本任务就是要"巩固马克思主义在意识形态领域的指导地位，巩固全党全国各族人民团结奋斗的共同思想基础"。党的十九届四中全会在党的历史上第一次把马克思主义在意识形态领域的指导地位作为中国特色社会主义的根本制度确立下来，具有重要战略意义，这既是对中国共产党意识形态建设历史经验的科学总结，又为新形势下守正创新开展意识形态工作指明了方向。所谓"根本制度"，就是在中国特色社会主义制度体系中起决定性作用，反映中国特色社会主义本质特征、决定中国特色社会主义发展方向的制度。习近平总书记指出："马克思主义是我们立党立国的根本指导思想。背离或放弃马克思主义，我们党就会失去灵魂、迷失方向。在坚持马克思主义指导地位这一根本问题上，我们必须坚定不移，任何时候任何情况下都不能有丝毫动摇。"中国共产党是以马克思主义作为理论武装的党，党的百年奋斗的历史，就是一部推进马克思主义中国化、不断丰富和发展马克思主义的历史，也是一部运用马克思主义世界观和方法论认识世界、把握规律、改造世界的历史。

坚持马克思主义在意识形态领域指导地位的根本制度，是保障社会主义文化建设正确方向的重要前提。历史和现实反复证明，一个政党、一个政权的垮台是从思想领域的混乱开始的。中国特色社会主义道路，是在马克思主义指引下走出来的。马克思主义所具备的真理力量和实践品格是我们党坚定信仰信念、把握历史主动的根本所在。坚持马克思主义在意识形态领域的指导地位，才能在文化建设中不断增强战略性、系统性思维，洞察时代大势，保持战略定力，在把握我国社会发展、人类社会发展的大逻辑大趋势中不断推进文明进步与文化创新。

坚持马克思主义在意识形态领域指导地位的根本制度，是筑牢全体人民团结奋进的共同思想基础、凝聚强大精神力量的必然要求。当前，面对国内国际两个大局的加速演进与深度互动，我国意识形态领域面临的外部条件、内部环境发生了重大变革，呈现一系列新情况、新特点、新趋势。各种社会思潮空前活跃，形成思想争锋，迫切需要加强主流意识形态和主流价值观的影响力和号召力，以马克思主义引领多元化的思想取向，巩固全党全国人民团结奋斗的共同思想基础，凝聚团结奋进的强大精神力量，引领社会思潮、稳定社会秩序、强化文化认同、促进社会共识，更好构筑中国精神、中国价值、中国力量，形成强大的凝聚力和向心力。

坚持马克思主义在意识形态领域指导地位的根本制度，需要不断推进马克思主义中国化时代化。马克思主义是开放的、发展的理论，其最鲜明的理论品格是与时俱进、开拓创新。习近平总书记在主持中共中央政治局第六次集体学习时强调，开辟马克思主义中国化时代化新境界的重大任务，是当代中国共产党人的庄严历史责任。当前，推进马克思主义中国化时代化的根本途径是"两个结合"。"两个结合"标志着党的理论创新的新境界，也明确了中国共产党人在马克思主义指导下承续中华文明道统的历史使命。新时代的文化建设，需要以"两个结合"为立足点，坚持马克思主义中国化时代化，传承发展中华优秀传统文化，促进外来文化本土化，不断培育和创造新时代中国特色社会主义文化，使马克思主义始终保持蓬勃生机和旺盛活力。

3. 加快构建中国特色哲学社会科学。

哲学社会科学是推动人类社会进步的思想力量，也是意识形态建设的资源库。2016 年，习近平总书记在哲学社会科学工作座谈会上强调，"人类社会每一次重大跃进，人类文明每一次重大发展，都离不开哲学社会科学的知识变革和思想先导。""这是一个需要理论而且一定能够产生理论的时代，这是一个需要思想而且一定能够产生思想的时代。"没有自己的哲学社会科学体系，一个国家不可能实现精神上的独立、思想上的成熟，也无法在国际交流对话中掌握话语权和主动权。党的十八大以来，以习近平同志为核心的党中央不断深化对中国特色社会主义建设规律的认识，推进学科体系、学术体系、话语体系建设，为形成具有中国特色、中国风格、中国气派的哲学社会科学体系提供了重要指导。

加快构建中国特色哲学社会科学，必须坚持主体性，建构中国自主的知识体系。习近平总书记在文化传承发展座谈会上强调："立足中华民族伟大历史实践和当代实践，用中国道理总结好中国经验，把中国经验提升为中国理论，既不盲从各种教条，也不照搬外国理论，实现精神上的独立自主。"哲学社会科学的价值在于原创性和主体性，中国特色社会主义道路实践为理论建构和发展提供了重要基础，而理论的不断完善也在更深层次上为道路自信奠定了强大的认识论支撑。中国特色社会主义进入新时代，要求哲学社会科学研究不能根据西方国家的理论体系来分析中国特色社会主义道路，不能用渗透西方价值观的话语体系来诠释中国经验，而必须用中国自己的哲学社会科学体系来讲清楚中国道路。在习近平新时代中国特色社会主义思想的指引下，中国的理论界正在以研究中国改革发展稳定重大理论和实践问题为主攻方向，从当代中国伟大实践中汲取学术能量和知识视野，力图讲清楚中国特色社会主义实践背后的理论逻辑、制度成因和道路选择必然性，建构植根于中国独特的历史传统和价值世界的思想体系，为人类文明进步提供中国思想、中国力量。

加快构建中国特色哲学社会科学，必须坚持原创性，不断推动理论创新。马克思主义的生命力源于与时俱进的理论品格，理论创新是社会主义意识形态保持旺盛生命力的根本途径。党的十九届六中全会审议通过的《中共中央关于党的百年奋斗重大成就和历史经验的决议》，将"坚持理论创新"作为中国共产党百年奋斗的重要经验。马克思主义的生命力源于与时俱进的理论品格，中国共产党从诞生之日起，始终坚持把马克思主义基本原理同中国具体实际相结合，不断在实践基础上推进理论创新，形成了一批具有科学性、指导性的理论成果。新中国成立以来特别是改革开放以来，中国发生了广泛而深刻的社会变革，也经历了独特而伟大的实践创新，这些实践为理论创造、学术繁荣提供了丰富资源和强大动力。把握时代要求、总结历史经验、揭示发展规律，为发展马克思主义作出原创性贡献，是新时代中国特色哲学社会科学研究的重要使命。

加快构建中国特色哲学社会科学，必须坚持开放性，在交流互鉴中提升话语权。任何一种学术体系的发展，都需要在人类历史和世界发展的宏阔视野中进行。构建中国特色哲学社会科学，需要吸收借鉴对人类创造有益的理论观点和学术成果，既不能脱离实际、生搬硬套，也不能不加分析、一概排斥，而要加以批判性分析，有选择地鉴别。在坚守本根、保持中国自身的主体性的前提下，吸取和借鉴一切对自己有利的文明成果，建构中国自身的理论体系和话语体系。要有广阔的学术视野和国际学术对话能力，立足国际学术前沿，在对世界各国哲学社会科学体系的现实基础、形成机制及其内在本质进行深入理解和剖析的基础上，增进国内外学术交流和文明交流。要加强对外传播话语体系建设，打造融通中外的新概念新范畴新表述，彰显真理的力量、道义的力量，形成具有中国特色，又能与国际进行有效对话的话语体系。新时代中国特色哲学社会科学体系的建构，需要以习近平新时代中国特色社会主义思想为指导，在历史演进中解释中国和平发展和百年变局的思想之源、理论之源和制度之源；在时代发展中立足当代中国实践，不断反思、提炼、升华中国经验；在世界视野中阐述中国特色社会主义道路的历史意义、中国制度的比较优势以及中国为解决人类共同面对的重大问题提供思想资源和解决方案。

4. 提高新闻舆论传播力引导力影响力公信力。

习近平总书记多次强调，要提高新闻舆论传播力引导力影响力公信力，弘扬主旋律、传播正能量，巩固壮大奋进新时代的主流思想舆论。新闻舆论工作处在意识形态斗争最前沿。新媒体时代，社会舆论日趋复杂和调控难度增加，加之传播格局的多元化和传播主体间的角色互换与重合，对提升新闻舆论"四力"提出了巨大挑战。因此，遵循新闻舆论的传播规律，立足新闻舆论工作的新形势、新任务和新要求，在促进新时代我国主流媒体融合健康有序发展的基础上，构建以传播力为基础、引导力为方向、影响力为目标、公信力为保障的新闻舆论传播体系刻不容缓。

坚持党管媒体原则不动摇。媒体是党和人民的喉舌。党管媒体，是党在长期实践中形成的根本原则，是中国特色社会主义制度的重要方面，关系党的执政地位，关系事业的兴衰成败，任何时候都不能动摇。无论媒体格局如何变化，舆论生态如何演变，媒体作为党和人民喉舌的性质不能变，党管媒体的原则不能变。首先，坚持党性原则，必须自觉在思想上政治上行动上同党中央保持高度一致。报刊、通讯社、电台、电视台、新闻网站的所有工作都必须体现党的意志、反映党的主张，必须维护党中央权威、维护党的团结，做到爱党、护党、为党。其次，坚持党性原则，必须加深对党性和人民性关系的认识。党性和人民性从来都是一致的、统一的。我们党以全心全意为人民服务为根本宗旨，没有自己特殊的利益，体现党的意志就是体现人民的意志，宣传党的主张就是宣传人民的主张，坚持党性就是坚持人民性。党性寓于人民性之中，没有脱离人民性的党性，也没有脱离党性的人民性。新闻媒体要把对党负责和对人民负责统一起来、把服务群众同教育引导群众结合起来、把满足需求同提高素养结合起来，更好把党的理论和路线方针政策变成人民群众的自觉行动，及时把人民群众创造的经验和面临的实际情况反映出来，丰富人民精神世界，增强人民精神力量。

加快推动媒体融合发展，加强全媒体传播体系建设。互联网的迅猛发展，深刻改变着舆论生成方式和传播方式。习近平总书记强调："宣传思想工作要把握大势，做到因势而谋、应势而动、顺势而为。我们要加快推动媒体融合发展，使主流媒体具有强大传播力、引导力、影响力、公信力，形成网上网下同心圆，使全体人民在理想信念、价值理念、道德观念上紧紧团结在一起，让正能量更强劲、主旋律更高昂。"党的二十大报告进一步作出"加强全媒体传播体系建设，塑造主流舆论新格局"的重大部署。推动媒体融合向纵深发展，要深化体制机制改革，加大全媒体人才培养力度，打造一批具有强大影响力和竞争力的新型主流媒体，建立以内容建设为根本、先进技术为支撑、创新管理为保障的全媒体传播体系，牢牢占据舆论引导、思想引领、文化传承、服务人民的传播制高点。

首先，要把握媒体融合发展规律，推动媒体融合向纵深发展。要统筹处理好传统媒体和新兴媒体、中央媒体和地方媒体、主流媒体和商业平台、大众化媒体和专业性媒体的关系，要形成资源集约、结构合理、差异发展、协同高效的全媒体传播体系。其次，要深化体制机制改革，加大全媒体人才培养力度。宣传思想干部要不断掌握新知识、熟悉新领域、开拓新视野，增强本领能力，加强调查研究，不断增强脚力、眼力、脑力、笔力，努力打造一支政治过硬、本领高强、求实创新、能打胜仗的宣传思想工作队伍。最后，要打造一批具有强大影响力和竞争力的新型主流媒体。党报党刊要加强传播手段建设和创新，发展网站、微博、微信、电子阅报栏、手机报、网络电视等各类新媒体，积极发展各种互动式、服务式、体验式新闻信息服务，实现新闻传播的全方位覆盖、全天候延伸、多领域拓展，推动党的声音直接进入各类用户终端，努力占领新的舆论场。要一手抓融合，一手抓管理，确保融合发展沿着正确方向推进，加快构建舆论引导新格局。

三、满足人民精神文化需求，增强人民精神力量

1. 以社会主义核心价值观引领文化建设。

习近平总书记多次指出，核心价值观是一个民

族赖以维系的精神纽带，是一个国家共同的思想道德基础。核心价值观承载着一个国家和民族的精神追求，体现着一个社会评判是非曲直的价值标准。核心价值观是一个国家的重要稳定器，关系社会和谐稳定和国家长治久安。核心价值观是社会系统得以正常运转、社会秩序得以有效维护的重要途径，也是国家治理体系和治理能力的重要方面。要以培养担当民族复兴大任的时代新人为着眼点，强化教育引导、实践养成、制度保障，发挥社会主义核心价值观对国民教育、精神文明创建、精神文化产品创作生产传播的引领作用，把社会主义核心价值观融入社会发展各方面，转化为人们的情感认同和行为习惯。习近平总书记的要求为如何以社会主义核心价值观引领文化建设指明了方向。

深入宣传思想、新闻舆论、网信工作、文学艺术等各个领域，在全社会广泛开展社会主义核心价值观宣传教育。其一，要用社会主义核心价值观引领社会思潮、凝聚社会共识，深入开展习近平新时代中国特色社会主义思想的宣传教育，把社会主义核心价值观学习教育纳入各级党委（党组）中心组学习计划，纳入各级党委讲师团经常性宣讲内容，深入研究社会主义核心价值观的理论和实际问题，深入推进马克思主义理论研究和建设工程，加强社会思潮动态分析，强化社会热点难点问题的正面引导。其二，充分发挥新闻媒体传播社会主义核心价值观的主渠道作用，坚持团结稳定鼓劲、正面宣传为主，牢牢把握正确舆论导向，把社会主义核心价值观贯穿到日常形势宣传、成就宣传、主题宣传、典型宣传、热点引导和舆论监督中，弘扬主旋律，传播正能量，不断巩固壮大积极健康向上的主流思想舆论。其三，建设社会主义核心价值观的网上传播阵地，适应互联网快速发展形势，善于运用网络传播规律，把社会主义核心价值观体现到网络宣传、网络文化、网络服务中，用正面声音和先进文化占领网络阵地。其四，发挥精神文化产品育人化人的重要功能，通过文学艺术、展览演出等一切文化产品、文化服务和文化活动，弘扬社会主义核心价值观，传递积极人生追求、高尚思想境界和健康生活情趣，提升文化产品的思想品格和艺术品位，用思想性艺术性观赏性相统一的优秀作品，弘扬真善美，贬斥假恶丑，让不同类型文化产品都成为弘扬社会主流价值的生动载体。

用社会主义核心价值观铸魂育人，完善思想政治工作体系，推进大中小学思想政治教育一体化建设。习近平总书记多次强调，培育和弘扬社会主义核心价值观必须从小抓起，从学校抓起，"人生的扣子从一开始就要扣好"。青少年正处在价值观的萌生形成阶段，是可塑性最强的时期，抓好了青少年的价值观建设，也就抓住了未来、管住了长远。中共中央办公厅于 2013 年 12 月印发的《关于培育和践行社会主义核心价值观的意见》明确要求：要适应青少年身心特点和成长规律，深化未成年人思想道德建设和大学生思想政治教育，构建大中小学有效衔接的德育课程体系和教材体系，创新中小学德育课和高校思想政治理论课教育教学，推动社会主义核心价值观进教材、进课堂、进学生头脑。2022 年，党的二十大报告进一步要求，用社会主义核心价值观铸魂育人，完善思想政治工作体系，推进大中小学思想政治教育一体化建设。

把社会主义核心价值观融入日常生活，在落细、落小、落实上下功夫。实施公民道德建设工程，弘扬中华传统美德，加强家庭家教家风建设，加强和改进未成年人思想道德建设，推动明大德、守公德、严私德，提高人民道德水准和文明素养。统筹推动文明培育、文明实践、文明创建，推进城乡精神文明建设融合发展，在全社会弘扬劳动精神、奋斗精神、奉献精神、创造精神、勤俭节约精神，培育时代新风新貌。加强国家科普能力建设，深化全民阅读活动。完善志愿服务制度和工作体系。弘扬诚信文化，健全诚信建设长效机制。发挥党和国家功勋荣誉表彰的精神引领、典型示范作用，推动全社会见贤思齐、崇尚英雄、争做先锋。

2. 推动中华优秀传统文化创造性转化、创新性发展。

中华优秀传统文化是五千多年中华文明史积淀

形成的智慧结晶，是凝聚民族认同和国家认同的"共同记忆"，也是中华民族赖以生存、共同发展的根脉和灵魂。正如习近平总书记所说："泱泱中华，历史悠久，文明博大。中华民族在几千年历史中创造和延续的中华优秀传统文化，是中华民族的根和魂。"中华优秀传统文化，集中华民族的思想精华和道德精髓之大成，积淀着中华民族核心的价值追求，包含着中华民族代代相承的文化基因，代表着中华民族独特的精神品格，是中华民族生生不息、发展壮大的丰厚滋养。中华优秀传统文化是中华民族的突出优势，是我们在世界文化激荡中站稳脚跟的根基，必须结合新的时代条件传承和弘扬好。

中华优秀传统文化是中华文明的智慧结晶和精华所在，是中华民族的根和魂。中华优秀传统文化源远流长、博大精深，是中华文明的智慧结晶，其中蕴含的天下为公、民为邦本、为政以德、革故鼎新、任人唯贤、天人合一、自强不息、厚德载物、讲信修睦、亲仁善邻等，是中国人民在长期生产生

活中积累的宇宙观、天下观、社会观、道德观的重
要体现。这些思想和理念，既随着时间推移和时代
变迁而不断与时俱进，又有其自身的连续性和稳定
性。中华优秀传统文化所蕴含的丰富哲学思想、人
文精神、教化思想、道德理念等，无论过去还是现
在，都有其鲜明的民族特色，有其永不褪色的时代
价值，都可以为人们认识世界和改造世界提供有益
启迪，也可以为治国理政提供有益启示，也可以为
道德建设提供有益启发。

　　传承和弘扬中华优秀传统文化，要处理好继承
和创造性发展的关系，重点做好创造性转化和创新
性发展。创造性转化，就是要按照时代特点和要
求，对那些至今仍有借鉴价值的内涵和陈旧的表现
形式加以改造，赋予其新的时代内涵和现代表达形
式，激活其生命力。创新性发展，就是要按照时代
的新进步新进展，对中华优秀传统文化的内涵加以
补充、拓展、完善，增强其影响力和感召力。中国
人民在实现中国梦的进程中，将按照时代的新进
步，推动中华文明创造性转化和创新性发展，激活

其生命力，把跨越时空、超越国度、富有永恒魅力、具有当代价值的文化精神弘扬起来，让收藏在博物馆里的文物、陈列在广阔大地上的遗产、书写在古籍里的文字都活起来，让中华文明同世界各国人民创造的丰富多彩的文明一道，为人类提供正确的精神指引和强大的精神动力。

坚持把马克思主义基本原理同中国具体实际相结合、同中华优秀传统文化相结合，推动中华优秀传统文化创造性转化、创新性发展。中华优秀传统文化，是我们党推进理论创新、开辟马克思主义中国化时代化新境界的"根脉"。以马克思主义为指导对中华五千多年文明宝库进行全面挖掘，用马克思主义激活中华优秀传统文化中富有生命力的优秀因子并赋予新的时代内涵，将中华民族的伟大精神和丰富智慧更深层次地注入马克思主义，把马克思主义思想精髓同中华优秀传统文化精华有效贯通起来，是我们党在传承中华优秀传统文化中推进文化创新的必由之路，是推进马克思主义中国化时代化的根本途径。"第二个结合"让马克思主义成为中国的，中华优秀传统文化成为现代的，让经由"结合"而形成的新文化成为中国式现代化的文化形态。

3. 保护好历史文化遗产。

党的十八大以来，习近平总书记多次考察重要文化遗产，对保护好历史文化遗产提出了明确要求，作出了全面部署。他多次强调：要像爱惜自己的生命一样保护好城市历史文化遗产；要让居民望得见山、看得见水、记得住乡愁；要敬畏历史、敬畏文化、敬畏生态；要全面加强城乡历史文化遗产系统性保护；要加强考古工作和历史研究，让收藏在博物馆里的文物、陈列在广阔大地上的遗产、书写在古籍里的文字都活起来，丰富全社会历史文化滋养；要扎实做好非物质文化遗产的系统性保护，更好满足人民日益增长的精神文化需求，推进文化自信自强。这些重要论述，是我们在新时代做好历史文化遗产保护工作的根本遵循。

要增强保护历史文化遗产的责任感使命感。历史文化遗产保护既是重要的文化事业，也具有重大的社会、政治意义。中华大地上丰富的历史文化遗产展示了中华文明的灿烂成就，彰显了中华民族开拓创新、与时俱进、自强不息的进取精神，蕴含着丰富的哲学思想、美学思想和人文精神，是建设社会主义文化强国、建设中华民族现代文明的宝贵资源。党的十八大以来，习近平总书记提出的"坚持保护第一""保护文物也是政绩""让文物活起来"等理念深入人心，在全党全社会形成了守护历史文化、传承中华文明的强大合力。新时代新征程，我们要本着对历史负责、对人民负责的精神，全面加强历史文化遗产保护，赓续中华文脉，推动文化自信自强，铸就社会主义文化新辉煌。

要加强历史文化遗产保护利用。要坚持保护第一、强化系统保护，牢固树立保护历史文化遗产责任重大的观念，树立保护文物也是政绩的科学理念，统筹好历史文化遗产保护与城乡建设、经济发展、旅游开发；统筹好重要文化和自然遗产、非物质文化遗产系统性保护，加强各民族优秀传统手工艺保护传承；统筹好抢救性保护和预防性保护、本体保护和周边保护、单点保护和集群保护，加强世界文化遗产保护管理监测，维护历史文化遗产的真实性、完整性、延续性，牢牢守住文物安全底线。要对博大精深的历史文化、对前人留下的宝贵财富心存敬畏，正确处理历史与当代、保护与利用、传统与创新、资源与环境的关系，切实做到在保护中发展、在发展中保护，积极推进创造性转化、创新性发展，更好提炼展示中华优秀传统文化的精神标识，让历史文化遗产在新时代焕发新生、绽放光彩，成为增进全民族历史自信与历史认知的重要源泉。

要不断提高历史文化遗产价值挖掘阐释和传播推广水平。要加强历史文化遗产价值研究，推进中华文明、中华文化和中国精神的研究阐释，深入挖掘历史文化遗产蕴含的丰厚内涵、系统阐释中华文化的时代新义，让文物说话、让历史说话，更好发挥历史文化遗产以史育人、以文化人、培育社会主义核心价值观的优势作用。要推动资源禀赋有效转化为传播动能，多措并举做好阐释推广，用好考古和历史研究成果，系统展示历史遗存背后蕴含的哲学思想、人文精神、价值理念、道德规范等，准确揭示蕴含其中的中华民族的文化精神、文化胸怀和文化自信，提供多样化的文化内容供给，进一步丰富人民精神世界、增强民族精神力量。要积极拓展文化文物对外交流平台，推进中华文化走出去，多渠道提升中华文化国际传播能力，向全世界讲好中国历史故事、阐发中华民族精神、构建文明大国形象，全面生动展现中华文明的灿烂成就和对人类文明的重大贡献，扩大中华文化国际影响力，增进文明交流互鉴，营造良好国际合作氛围，把跨越时空、超越国度、富有永恒魅力、具有当代价值的文化精神弘扬起来。

4. 坚持以人民为中心的创作导向。

党的十八大以来，习近平总书记围绕繁荣和发展社会主义文艺多次发表重要讲话，强调坚持以人民为中心的创作导向，为中国文艺的发展指明了方向。以人民为中心，就是要把满足人民精神文化需求作为文艺和文艺工作的出发点和落脚点，把人民作为文艺表现的主体，把人民作为文艺审美的鉴赏家和评判者，把为人民服务作为文艺工作者的天职。新时代的文艺工作，要坚持以人民为中心的创作导向，推出更多增强人民精神力量的优秀作品，培育造就大批德艺双馨的文学艺术家和规模宏大的文化文艺人才队伍。

人民需要文艺，文艺需要人民，文艺要热爱人民。习近平总书记指出，满足人民日益增长的精神文化需求，必须抓好文化建设，增加社会的精神文化财富。文艺创作要跟上时代发展、把握人民需求，以充沛的激情、生动的笔触、优美的旋律、感人的形象创作生产出人民喜闻乐见的优秀作品，让人民精神文化生活不断迈上新台阶。人民是文艺创作的源头活水，一旦离开人民，文艺就会变成无根的浮萍、无病的呻吟、无魂的躯壳。文艺只有植根现实生活、紧跟时代潮流，才能发展繁荣；只有顺应人民意愿、反映人民关切，才能充满活力。要始终把人民的冷暖、人民的幸福放在心中，把人民的喜怒哀乐倾注在自己的笔端，讴歌奋斗人生，刻画最美人物，坚定人们对美好生活的憧憬和信心。文艺工作者要想有成就，就必须自觉与人民同呼吸、共命运、心连心，欢乐着人民的欢乐，忧患着人民的忧患，做人民的孺子牛。

文艺作品要把社会效益放在首位，社会效益和经济效益相统一。习近平总书记多次强调，一部好的作品，应该是经得起人民评价、专家评价、市场检验的作品，应该是把社会效益放在首位，同时也应该是社会效益和经济效益相统一的作品。把社会效益放在首位，就是要发扬中国文艺追求向上向善的优良传统，把社会主义核心价值观生动活泼体现在文艺创作之中，把有筋骨、有道德、有温度的东西表现出来，倡导健康文化风尚，摒弃畸形审美倾向，用思想深刻、清新质朴、刚健有力的优秀作品滋养人民的审美观价值观，使人民在精神生活上更加充盈起来。社会效益和经济效益相统一，就是要求文艺作品既能体现主旋律、主流价值观，同时又要以人民群众喜闻乐见的形式来表达，要能够通过市场的检验。因此，优秀的文艺作品，既能在思想上、艺术上取得成功，又能在市场上受到欢迎。

培育造就大批德艺双馨的文学艺术家和规模宏大的文化文艺人才队伍。习近平总书记强调，繁荣文艺创作、推动文艺创新，必须有大批德艺双馨的文艺名家。要把文艺队伍建设摆在更加突出的重要位置，努力造就一批有影响的各领域文艺领军人物，建设一支宏大的文艺人才队伍。文艺是给人以价值引导、精神引领、审美启迪的，艺术家自身的思想水平、业务水平、道德水平是根本。文艺工作者要自觉坚守艺术理想，不断提高学养、涵养、修养，加强思想积累、知识储备、文化修养、艺术训练，努力做到"笼天地于形内，挫万物于笔端"。除了要有好的专业素养之外，还要有高尚的人格修为，有"铁肩担道义"的社会责任感。在发展社会主义市场经济条件下，还要处理好义利关系，认真严肃地考虑作品的社会效果，讲品位，重艺德，为历史存正气，为世人弘美德，为自身留清名，努

力以高尚的职业操守、良好的社会形象、文质兼美
的优秀作品赢得人民喜爱和欢迎。

四、建设网络文明，增强中华文明传播力影响力

1. 使互联网这个最大变量变成最大增量。

党的十八大以来，习近平总书记准确把握时代
大势和国际国内大局，就加强网络内容建设和管
理、提高用网治网水平提出了一系列新理念新思想
新战略。他深刻指出，网络空间已经成为人民生产
生活的新空间，成为我们党凝聚共识的新空间。网
络已经成为舆论斗争的主战场、主阵地。他强调要
把网上舆论工作作为宣传思想工作的重中之重来
抓，"我们必须科学认识网络传播规律，提高用网
治网水平，使互联网这个最大变量变成事业发展的
最大增量"。

科学认识互联网舆论生态的新变化。目前，我国网民总数已突破 10 亿大关，网络新闻、社交、视频、直播已经成为亿万网民日常活动中不可或缺的重要组成部分。在理论传播方面，多元多样多变的社会思潮通过互联网快速传播，党的意识形态部门统一领导思想理论传播的难度加大；在正面宣传方面，新媒体迅速崛起，日益成为信息传播的主渠道主平台，对传统主流媒体传播力影响力的冲击难以避免；在新闻报道方面，随着互联网、智能终端广泛普及，新媒体新技术新应用迭代升级，各类信息爆炸式增长、裂变式传播；在社会舆论方面，网上舆论摆脱现实时间、空间限制，对社会的影响力空前增强，各种力量在网上竞相发声，呈现突发性、多元性、交互性、冲突性、匿名性等特点，舆情风险极易扩大蔓延、形成声势。如何构筑良好网络生态、营造清朗网络空间，成为摆在我们面前重大而紧迫的任务。

有效应对网上正面宣传所面临的新挑战。近年来，在全党全社会的共同努力下，网上正面宣传和舆论引导工作深入开展，网络内容建设持续推进，主流思想舆论的传播力引导力影响力公信力不断增强，网络空间日益清朗。但是，网络宣传舆论工作面临着许多新形势新挑战新课题。首先，网络意识形态斗争形势严峻复杂。西方敌对势力一直把我国发展进步视为对西方价值观和制度模式的威胁，想方设法对我国进行意识形态渗透颠覆，近年来更加倚重将互联网作为意识形态输出最直接最便利的工具，不断升级对我国的网络攻势。其次，网络新技术新应用新业态加快迭代。当前，云计算、大数据、人工智能、算法推荐等新技术大规模应用，匿名社交、加密社区、网络直播等新应用层出不穷，网上信息传播呈现出海量聚集、加密传输、差异推送等特点，引发网络传播秩序深刻变革。最后，各类社会风险向网络空间传导趋势明显。当前，我国改革进入攻坚期和深水区，发展面临的风险挑战前所未有，一些热点问题和突发事件发生后，信息在网上扩散发酵，网上舆论又可能反过来激化网下问题，互联网日益成为各类风险的传导器和放大器。

建立网络综合治理体系，提高用网治网水平。要坚持正确方向，坚持用马克思主义占领网上阵地，做大做强网上正面宣传和舆论引导，做好网上形势宣传、政策宣传、成就宣传、典型宣传，积极培育和践行社会主义核心价值观，培育积极健康、向上向善的网络文化。要坚持创新思维，推进网上宣传理念、内容、形式、方法、手段等创新，特别是运用好大数据、人工智能、算法推荐等新技术新应用，探索"去中心化"生产方式，开展分众化传播、差异化传播、个性化传播，做到春风化雨、润物无声。要坚持效果导向，紧密结合知识分子、普通群众、青少年等各类网民群体特点，积极组织开展跟帖评论，及时回应社会关切、群众诉求。要强化技术治网，充分利用大数据、人工智能等新技术新手段，探索建设和完善高水平互联网舆情预警分析系统，持续提升对新技术新应用的管理能力。要发挥网民作用，坚持积极服务网民、广泛动员网民、紧紧依靠网民，真正使广大网民成为正能量的生产者、传播者、引领者，让网民影响网民、让网民教育网民，引导网民自觉规范网络行为、净化网络环境。要坚持党管互联网，进一步落实网络意识形态工作责任制。

2. 推动中华文化更好走向世界。

习近平总书记指出，要坚守中华文化立场，提炼展示中华文明的精神标识和文化精髓，加快构建中国话语和中国叙事体系，讲好中国故事、传播好中国声音，展现可信、可爱、可敬的中国形象，展现中华文明的悠久历史和人文底蕴，促使世界读懂中国、读懂中国人民、读懂中国共产党、读懂中华民族。要加强国际传播能力建设，着力提高国际传播影响力、中华文化感召力、中国形象亲和力、中国话语说服力、国际舆论引导力，全面提升国际传播效能，形成同我国综合国力和国际地位相匹配的国际话语权。要深入开展同各国文化交流合作，广泛参与世界文明对话，深化文明交流互鉴，推动中华文化更好走向世界。

提升国家文化软实力和中华文化影响力。一个大国发展兴盛，必然要求文化传播力、文明影响力大幅提升，实现软实力和硬实力相得益彰。我们必须下大力气加强国家文化软实力建设，让中华文明的传播力影响力更加充分地展示出来。首先，必须提炼展示中华文明的精神标识和文化精髓。要充分理解、把握习近平总书记在文化传承发展座谈会上所凝练的中华文明的五大突出特性，即"连续性""创新性""统一性""包容性""和平性"，并以此为指引，在时空浩瀚、载体繁多、外延广大的中华文明中选择具有代表性的精神标识。其次，必须切实把我们自身的文化建设好，做到"形于中"而"发于外"。要深化文化体制改革，完善文化经济政策，加快构建把社会效益放在首位、社会效益和经济效益相统一的体制机制，推动文化事业全面繁荣、文化产业快速发展，不断丰富人民精神世界、增强人民精神力量。最后，必须努力提高国际话语权。国际话语权的提升依托于国际传播能力的建设。我们要精心构建对外话语体系，发挥好新兴媒体作用，增强对外话语的创造力、感召力、公信

力，讲好中国故事，传播好中国声音，阐释好中国
特色，展现可信、可爱、可敬的中国形象，让世界
读懂中国、读懂中国人民、读懂中国共产党、读懂
中华民族。

加强国际传播能力建设。落后就要挨打，贫穷
就要挨饿，失语就要挨骂。传播力决定影响力，增
强中华文明传播力影响力，必须加强国际传播能力
建设。首先，要深刻认识新形势下加强和改进国际
传播工作的重要性和必要性，形成同我国综合国力
和国际地位相匹配的国际话语权，为我国改革发展
稳定营造有利外部舆论环境，为推动构建人类命运
共同体作出积极贡献。其次，要精心构建对外话语
体系，发挥好新兴媒体作用，增强对外话语的创造
力、感召力、公信力，讲好中国故事，传播好中国
声音，阐释好中国特色。最后，要加强国际传播理
论研究，掌握国际传播规律，采用贴近不同区域、
不同国家、不同群体受众的精准传播方式，推进中
华文明的全球化、区域化、分众化表达，以情感的
沟通、理性的说服、价值的共鸣讲好中国故事、传

播好中国声音，增强国际传播的亲和力和实效性，提升传播效能，推动中华文明更好走向世界。

讲好中国故事，推动中华文化更好走向世界。讲好中国故事，传播好中国声音，展示真实、立体、全面的中国，是推动中华文化更好走向世界的重要手段。首先，要将中华文化对外传播内容的丰富性、传播途径的多样性、文化影响的持久性进行有机整合。要挖掘中华文化精神内核，增强文化自信，在民俗生活、艺术创造、学术思想等多个方面传达出中华文化的丰富内涵。其次，要重塑外宣业务、重整外宣流程、重构外宣格局，增强我国国际影响力和话语权。讲好中国故事是外宣工作的基本方法，要主动讲好中国共产党治国理政的故事、中国人民奋斗圆梦的故事、中国坚持和平发展合作共赢的故事，让世界更好了解中国。最后，要推动中国话语与中国叙事体系建设。中国故事怎么讲？根本在于传播理念，以理服人，以情动人，以我为主，融通中外。要客观真实向世界讲好中国故事，讲好中国共产党故事，讲好我们正在经历的新时代故事，帮助国外民众了解中国共产党为什么能、马克思主义为什么行、中国特色社会主义为什么好。中国话语和中国叙事体系的建设，既要传承弘扬已经形成的精彩话语，又要进行话语创新，打造融通中外的新概念、新范畴、新表述，更加充分、更加鲜明地展现中华文明及其背后的思想力量和精神力量；要把叙事逻辑、叙事内容、叙事技巧、叙事效果等贯通起来，体现专业化、系统化、大众化，增强叙事的创造力、感召力、公信力，向世界展示真实、立体、全面的中国，展现中华文明的悠久历史和深厚底蕴。不断用中国理论阐释中国实践，用中国实践升华中国理论。

3. 推动文明交流互鉴。

习近平总书记强调，要弘扬全人类共同价值，落实全球文明倡议，推动文明交流互鉴，丰富世界文明百花园。当今世界不同国家、不同地区各具特色的现代化道路，植根于丰富多样、源远流长的文明传承。人类社会创造的各种文明，都闪烁着璀璨光芒，为各国现代化积蓄了厚重底蕴、赋予了鲜明特质，并跨越时空、超越国界，共同为人类社会现代化进程作出了重要贡献。中国式现代化作为人类文明新形态，与全球其他文明相互借鉴，必将极大丰富世界文明百花园。

弘扬全人类共同价值。当今世界，推动新型国际关系建设的进步力量逐渐增强的同时，强权政治、阵营对抗、单边主义、保护主义等力量也不时抬头，对世界和平与发展造成严重威胁，全人类面临着治理赤字、信任赤字、发展赤字、和平赤字等严峻挑战。弘扬全人类共同价值，构建人类命运共同体，是回答和解决世界之问、时代之问的中国方案。2015 年 9 月 28 日，习近平主席在第七十届联合国大会一般性辩论时的讲话中首次指出："和平、发展、公平、正义、民主、自由，是全人类的共同价值，也是联合国的崇高目标。目标远未完成，我们仍须努力。"此后，习近平总书记在许多重要双多边场合，阐述全人类共同价值的丰富内涵及其对构建美好世界的重大意义。2021 年 7 月 6

日，在中国共产党与世界政党领导人峰会上，习近平总书记呼吁：“我们要本着对人类前途命运高度负责的态度，做全人类共同价值的倡导者，以宽广胸怀理解不同文明对价值内涵的认识，尊重不同国家人民对价值实现路径的探索，把全人类共同价值具体地、现实地体现到实现本国人民利益的实践中去。”弘扬全人类共同价值，旨在从各国人民最深刻、最普遍、最现实的共同诉求出发，希望能够在对话、理解与合作中推进世界各国的共建共治、共赢共享。

落实全球文明倡议。当前，百年变局加速演进，随着地缘政治冲突日益加剧，“文明冲突论”“文明优越论”不时沉渣泛起。不同文明之间，冲突还是对话、对抗还是合作，已成为关乎人类前途命运的重大课题。2023年3月15日，习近平总书记出席中国共产党与世界政党高层对话会并发表主旨讲话，面向全球政党郑重提出全球文明倡议——共同倡导尊重世界文明多样性；共同倡导弘扬全人类共同价值；共同倡导重视文明传承和创新；共同倡导加强国际人文交流合作。这是我国为推动人类文明进步事业贡献的又一中国智慧、中国方案。在各国前途命运紧密相连的今天，不同文明包容共存、交流互鉴，在推动人类社会现代化进程、繁荣世界文明百花园中具有不可替代的作用。全球文明倡议立足世界百年未有之大变局，推动破解人类共同面临的各种挑战，彰显了新时代中国对人类前途命运的深入思考与责任担当。

推动文明交流互鉴。要落实全球文明倡议就必须深化文明交流互鉴。文明因交流而多彩，文明因互鉴而丰富。文明交流互鉴是推动人类文明进步和世界和平发展的重要动力。推动文明交流互鉴，必须坚定中华文化立场和文化自信，深入开展各种形式的人文交流活动，以文载道、以文传声、以文化人。面向不同国家和区域，搭建开放包容的文明对话平台，促进文明互学互鉴、共同发展。推动文明交流互鉴，弘扬全人类共同价值，倡导平等、互鉴、对话、包容的文明观，有利于促进各国人民相知相亲，丰富世界文明百花园，推动建设开放包容、美美与共的世界。在中华民族伟大复兴战略全局和世界百年未有之大变局中，推动文明交流互鉴有利于中华文化更好走向世界。一方面，这是提升我国国际话语权、为改革发展稳定营造有利外部舆论环境的迫切需要。另一方面，这也是推动构建人类命运共同体的必然要求。只有坚持推动文明相通、文化相融，拉紧各国人民相互尊重、相互理解的精神纽带，才能更好构建人类命运共同体。

第四章

担负起新的文化使命

习近平总书记在文化传承发展座谈会上指出：在新的历史起点上继续推动文化繁荣、建设文化强国、建设中华民族现代文明，要坚定文化自信，坚持走自己的路，立足中华民族伟大历史实践和当代实践，用中国道理总结好中国经验，把中国经验提升为中国理论，实现精神上的独立自主。要秉持开放包容，坚持马克思主义中国化时代化，传承发展中华优秀传统文化，促进外来文化本土化，不断培育和创造新时代中国特色社会主义文化。要坚持守正创新，以守正创新的正气和锐气，赓续历史文脉、谱写当代华章。

一、坚定文化自信，坚持走自己的路，实现精神上的独立自主

1. 自信才能自强。有文化自信的民族，才能立得住、站得稳、行得远。中华文明历经数千年而绵延不绝、迭遭忧患而经久不衰，这是人类文明的奇迹，也是我们自信的底气。

中华民族具有五千多年绵延不绝的文明历史，为人类文明进步作出了不可磨灭的贡献。但是，由于封建制度的腐朽没落，中国在近代被世界快速发展的浪潮甩在了后面。1840 年鸦片战争以后，在西方列强坚船利炮轰击下，中国危机四起、人民苦难深重，陷入半殖民地半封建社会的黑暗深渊。中华民族是一个有志气的民族，实现中华民族伟大复兴始终是近代以来中国人民最伟大的梦想。为了探求救亡图存的正确道路，先进的中国人带领中国人

民始终坚持在苦难和挫折中求索、在风雨飘摇中前进，敢于挽狂澜于既倒、扶大厦之将倾，表现出了百折不挠的英雄气概。洪秀全、康有为、严复和孙中山，代表了在中国共产党出世以前向西方寻找真理的一派人物。太平天国运动、戊戌变法、义和团运动、辛亥革命接连而起，但农民起义、君主立宪、资产阶级共和制等种种救国方案都相继失败。战乱频仍，民生凋敝，丧权辱国，成了旧中国长期无法消除的病疠。无数志士仁人前仆后继、不懈探索，却在很长时间内都抱憾而终。帝国主义的侵略打破了中国人学西方的迷梦。很奇怪，为什么先生老是侵略学生呢？中国人向西方学得很不少，但是行不通，理想总是不能实现。多次奋斗，包括辛亥革命那样全国规模的运动，都失败了。国家的情况一天一天坏，环境迫使人们活不下去。怀疑产生了，增长了，发展了。第一次世界大战震动了全世界。俄国人举行了十月革命，创立了世界上第一个社会主义国家。这时，也只是在这时，中国人从思想到生活，才出现了一个崭新的时期。十月革命一声炮响，给中国送来了马克思列宁主义。中国人找到了这个放之四海而皆准的普遍真理，自从学会了马克思列宁主义以后，中国人在精神上就由被动转入主动，中国的面目就起了变化。从这时起，近代世界历史上那种看不起中国人，看不起中国文化的时代应当完结了。伟大的胜利的人民战争和人民革命，已经复兴了并正在复兴着伟大的中华文明。"为有牺牲多壮志，敢教日月换新天。"经过28年浴血奋战和顽强奋斗，我们党和人民历经千辛万苦、付出巨大牺牲，以摧枯拉朽之势推翻了帝国主义、封建主义、官僚资本主义的统治，夺取了新民主主义革命胜利，实现了几代中国人梦寐以求的民族独立和人民解放。中国人从此站立起来了！中国人民从此把命运牢牢掌握在自己手中！中华民族发展进步从此开启了新纪元！正如毛泽东同志所言："我们中华民族有同自己的敌人血战到底的气概，有在自力更生的基础上光复旧物的决心，有自立于世界民族之林的能力。"在中国共产党领导下，中国人民意气风发投身中国历史上从来不曾有过的热气腾腾的社会主义建设。我国社会发生了翻天覆地的变化，建立起独立的比较完整的工业体系和国民经济体系，成为在世界上有重要影响的大国，积累起在中国这样一个社会生产力水平十分落后的东方大国进行社会主义建设的重要经验。习近平总书记指出，随着改革开放一路走过来，随着正确的中国特色社会主义思想、社会主义道路的建立，随着我们在实践中真正证明这条道路是正确的，文化自信随之而来。当今世界，要说哪个政党、哪个国家、哪个民族能够自信的话，那中国共产党、中华人民共和国、中华民族是最有理由自信的。有了"自信人生二百年，会当水击三千里"的勇气，我们就能毫无畏惧地面对一切困难和挑战，就能坚定不移开辟新天地、创造新奇迹。

2. 坚定文化自信，就是坚持走自己的路。

道路决定命运，找到一条正确道路是多么不容易。我们党领导的革命、建设、改革伟大实践，是一个接续奋斗的历史过程，是一项救国、建国、兴国、强国，进而实现中华民族伟大复兴的完整事业。中国特色社会主义道路不是从天上掉下来的，是党和人民历尽千辛万苦、付出各种代价取得的根本成就。中华文明是世界上唯一绵延不断且以国家形态发展至今的伟大文明。深厚的家国情怀与深沉的历史意识，为中华民族打下了维护大一统的人心根基，成为中华民族历经千难万险而不断复兴的精神支撑。中华文明的连续性，从根本上决定了中华民族必然走自己的路。只有立足波澜壮阔的中华五千多年文明史，才能真正理解中国道路的历史必然、文化内涵与独特优势。我们的社会主义为什么不一样？为什么能够生机勃勃、充满活力？关键就在于中国特色。如果没有中华五千年文明，哪里有什么中国特色？如果不是中国特色，哪有我们今天这么成功的中国道路？中国道路是在马克思主义指导下走出来的，也是从五千多年中华文明史中走出来的。新时代党和国家的事业之所以取得了历史性成就、发生了历史性变革，一个重要原因就是我们坚持了"两个结合"。走中国特色社会主义道路，我们的道路越走越宽广、越走越坚定。"第二个结合"让中国特色社会主义道路有了更加宏阔深远的历史纵深，拓展了中国道路的文化根基。中国式现代化是强国建设、民族复兴的康庄大道。中国式现代化赋予中华文明以现代力量，中华文明赋予中国式现代化以深厚底蕴。中国式现代化是赓续古老文明的现代化，而不是消灭古老文明的现代化；是从中华大地长出来的现代化，不是照搬照抄其他国家的现代化；是文明更新的结果，不是文明断裂的产物。中国式现代化这条康庄大道是中华民族的旧邦新命，必将推动中华文明重焕荣光。站立在960多万平方公里的广袤土地上，吸吮着中华民族漫长奋斗积累的文化养分，拥有14亿多中国人民聚合的磅礴之力，我们走自己的路，具有无比广阔的舞台，具有无比深厚的历史底蕴，具有无比强大的前进定力。中国人民应该有这个信心，每一个中国人都应该有这个信心。中华民族从近代以后的深重苦难走向伟大复兴的光明前景，从来就没有教科书，更没有现成答案。党的百年奋斗成功道路是党领导人民独立自主探索开辟出来的，马克思主义的中国篇章是中国共产党人依靠自身力量实践出来的，贯穿其中的一个基本点就是中国的问题必须从中国基本国情出发，由中国人自己来解答。我们要坚持独立自主、自力更生，坚持道不变、志不改，既不走封闭僵化的老路，也不走改旗易帜的邪路，坚持把国家和民族发展放在自己力量的基点上，坚持把中国发展进步的命运牢牢掌握在自己手中。

3. 坚定文化自信的首要任务，就是立足中华民族伟大历史实践和当代实践，用中国道理总结好中国经验，把中国经验提升为中国理论，既不盲从各种教条，也不照搬外国理论，实现精神上的独立自主。要把文化自信融入全民族的精神气质与文化品格中，养成昂扬向上的风貌和理性平和的心态。

中华文明自古及今绵延不绝，始终以"苟日新，日日新，又日新"的精神不断创造自己的物质文明、精神文明和政治文明，在很长的历史时期内作为最繁荣最强大的文明体屹立于世。中华文明长期的大一统传统，形成了多元一体、团结集中的统一性，"向内凝聚"的统一性追求，是文明连续的前提，也是文明连续的结果。中华文明从来不用单一文化代替多元文化，而是由多元文化汇聚成共同文化，化解冲突，凝聚共识。五千多年来中华文明一直传承着和平、和睦、和谐的理念，主张以道德秩序构造一个群己合一的世界，在人己关系中以他人为重。深厚的家国情怀与深沉的历史意识，为中华民族打下了维护大一统的人心根基，成为中华民族历经千难万险而不断复兴的精神支撑。这充分证明了中华文明具有自我发展、回应挑战、开创新局的文化主体性与旺盛生命力。如果不从源远流长的历史连续性来认识中国，就不可能理解古代中国，也不可能理解现代中国，更不可能理解未来中国。习近平总书记在经济社会领域专家座谈会上指出，"从国情出发，从中国实践中来、到中国实践中去，把论文写在祖国大地上，使理论和政策创新符合中国实际、具有中国特色"。当今世界，在解读中国实践、构建中国理论上，中国自身应该最有发言权，但实际上我国哲学社会科学在国际上的声音还比较小，还处于有理说不出、说了传不开的境地。早在延安时期，毛泽东同志在中央党校开学典礼上的演说中就鲜明指出："按照中国革命运动的丰富内容来说，理论战线就非常之不相称，二者比较起来，理论方面就显得非常之落后。一般地说来，我们的理论还不能够和革命实践相平行，更不去说理论应该跑到实践的前面去。我们还没有把丰富的实际提高到应有的理论程度。我们还没有对革命实践的一切问题，或重大问题，加以考察，使之上升到理论的阶段。"因此，毛泽东同志在《改造我们的学习》一文中严厉批评了教条主义者只知照抄照搬不知创新创造，把其讥讽为只是起了留声机作用："几十年来，很多留学生都犯过这种毛病。他们从欧美日本回来，只知生吞活剥地谈外国。他们起了留声机的作用，忘记了自己认识新鲜事物和创造新鲜事物的责任。这种毛病，也传染给了共产党。"因此，他特别强调要"以研究中国革

命实际问题为中心，以马克思列宁主义基本原则为
指导的方针，废除静止地孤立地研究马克思列宁主
义的方法"。时间进入新时代，习近平总书记鲜明
指出："解决中国的问题只能在中国大地上探寻适
合自己的道路和办法。"过去不能搞全盘苏化，现
在也不能搞全盘西化或者其他什么化。冷战结束
后，不少发展中国家被迫采纳了西方模式，结果党
争纷起、社会动荡、人民流离失所，至今都难以稳
定下来。对于历史上或现实中的"全盘苏化"或
"全盘西化"，对此必须始终保持警惕。加快构建
中国特色哲学社会科学，以我国实际为研究起点，
阐释中国道路、解读中国实践、构建中国理论。每
个国家和民族的历史传统、文化积淀、基本国情不
同，其发展道路必然有着自己的特色。如果不加分
析把国外学术思想和学术方法奉为圭臬，一切以西
方为中心、以西方为准绳，就不能有主体性与独创
性。要想持续推进马克思主义中国化，就必须从中
国实际出发，坚持实践的观点、历史的观点、辩证
的观点、发展的观点，在实践中认识真理、检验真

理、发展真理。习近平总书记强调："不要忘了老祖宗，……解决中国的问题，提出解决人类问题的中国方案，要坚持中国人的世界观、方法论。"如果"以洋为尊""唯洋是从"，一切以国外为最高标准，亦步亦趋、东施效颦，热衷于去中国化、去主流化，一旦高贵的头颅低下，那再强大的身躯亦无法站立，最后一定会把中华民族引致歧途、危途！习近平总书记反复强调要坚定文化自信，坚守中华文化立场，他特别指出："如果没有自己的精神独立性，那政治、思想、文化、制度等方面的独立性就会被釜底抽薪。"因此，我们必须从保持民族精神主体性、独立性的思想高度，来深刻认识文化自信的战略意图。精神上的独立自主是中华民族和中华文明的优良传统，是中华民族精神之魂，是我们立党立国的重要原则，这是我们党从悠久的中华文明文化主体性传统和具体国情出发、依靠党和人民力量进行革命、建设、改革的必然结论。不论过去、现在和将来，我们都要把国家和民族发展放在自己力量的基点上，坚持民族自尊心和自信心，坚定不移走自己的路。坚持精神上的独立自主，就要坚持必须用中国理论指导中国实践，人类历史上没有一个民族、一个国家可以通过依赖外部力量、照搬外国模式、跟在他人后面亦步亦趋实现强大和振兴。那样做的结果，不是必然遭遇失败，就是必然成为他人的附庸。只要我们坚持精神上的独立自主，既虚心学习借鉴国外的有益经验，又坚定民族自尊心和自信心，不信邪、不怕压，就一定能够把中国发展进步的命运始终牢牢掌握在自己手中。这种独立自主精神，这种坚持走自己的路的坚定信心和决心，是我们党全部理论和实践的立足点，也是党和人民事业不断从胜利走向胜利的根本保证。

不忘历史才能开辟未来，善于继承才能善于创新。只有坚持从历史走向未来，从延续民族文化血脉中开拓前进，中国道路才能行稳致远。中国共产党从成立之日起，既是中国先进文化的积极引领者和践行者，又是中华优秀传统文化的忠实传承者和弘扬者。的确，中国道路一路走来，虽然每个阶段对中华文明都有一定的理论自觉，但的确有其时代赋予的中心任务，这亦是如中国这样后发现代性国家走向现代化的必由之路。因此，只有国家实力逐渐走向强大，文化自卑才会散去，认祖归宗的意愿才会凸显，重新认识固有文明之价值，进而增强认同感产生文化自信。中国道路的历史发展确亦如此，随着改革开放一路走过来，随着正确的中国特色社会主义思想、社会主义道路的建立，随着我们在实践中真正证明这条道路是正确的，文化自信随之而来。一方面，中国道路的成功实践为文化自信提供了雄厚的现实物质基础；另一方面，文明的基因密码内蕴于中华民族的血脉之中，为中国道路的成功开拓与不断推进提供了深厚的文化软实力。正如习近平总书记所说，中国走上这条道路，跟中国文化密不可分。我们走的中国特色社会主义道路，它内在的基因密码就在这里，有中华优秀传统文化这个基因。所以我们现在就是要理直气壮、很自豪地去做这件事，去挖掘、去结合中华优秀传统文化，真正实现马克思主义中国化时代化。百余年来，中国共产党领导开辟的中国道路，是在我国历史传承、文化传统、经济社会发展的基础上长期发展、渐进改进、内生性演化的结果。习近平总书记强调，马克思主义中国化时代化这个重大命题本身就决定，我们决不能抛弃马克思主义这个魂脉，决不能抛弃中华优秀传统文化这个根脉。坚守好这个魂和根，是理论创新的基础和前提。理论创新必须讲新话，但不能丢了老祖宗，数典忘祖就等于割断了魂脉和根脉，最终会犯失去魂脉和根脉的颠覆性错误。由此明确指出马克思主义和中华文明是中国共产党人的"两个老祖宗"，是中国道路的"魂脉"和"根脉"，是中华民族实现独立自主的精神之源。既要用马克思主义激活中华优秀传统文化中富有生命力的优秀因子并赋予新的时代内涵，又要将中华民族的伟大文明精神更深层次地注入马克思主义，让马克思主义成为中国的，中华文明成为现代的，把马克思主义思想精髓同中华优秀传统文化精华贯通起来，更好筑牢中国道路的文化根基和文明底蕴，更深入把握中华文明发展规律，不断从中华优秀传统文化中寻找源头活水，建设中华民族现代文明，实现人类文明之更新。因此，必须立足中华民族伟大实践，用中国道理总结好中国经验，把中国经验提升为中国理论。

二、秉持开放包容，不断培育和创造新时代中国特色社会主义文化

1. 开放包容始终是文明发展的活力来源，也是文化自信的显著标志。中华文明的博大气象，就得益于中华文化自古以来开放的姿态、包容的胸怀。

开放包容是中华文明的突出特性，展开五千多年中华民族气势恢宏的历史长卷，我们可以深切感受到中国文化源远流长、博大精深，中华文明兼收并蓄、博采众长。中华文明从来不用单一文化代替多元文化，而是由多元文化汇聚成共同文化，化解冲突，凝聚共识。自古及今，中华民族始终充满开

放包容精神，以"天下大同""协和万邦"的宽广胸怀，自信而又大度地开展同域外民族交往和文化交流，曾经谱写了万里驼铃万里波的浩浩丝路长歌，也曾经创造了万国衣冠会长安的盛唐气象。历史上从赵武灵王的胡服骑射，到北魏孝文帝的汉化改革；从"洛阳家家学胡乐"到"万里羌人尽汉歌"，中华文化认同超越地域乡土、血缘世系、宗教信仰等，把内部差异极大的广土巨族整合成多元一体的中华民族。越包容，就越是得到认同和维护，就越会绵延不断。我们要正确把握中华文化和各民族文化的关系，各民族优秀传统文化都是中华文化的组成部分，中华文化是主干，各民族文化是枝叶，根深干壮才能枝繁叶茂。习近平总书记指出："中华文明的包容性，从根本上决定了中华民族交往交流交融的历史取向，决定了中国各宗教信仰多元并存的和谐格局，决定了中华文化对世界文明兼收并蓄的开放胸怀。"从文明发展的角度看，中华文明从来就不是封闭的，而是具有一种强大的开放性和伟大的包容性。对于外来文明，中华文明从来就不是封闭、保守、冲突，而是开放、互鉴、包容，并且把外来文化中的一些成分、因素吸收、融合进来，充实、丰富中华民族自己的文化。正如习近平总书记所言："中华民族是一个兼容并蓄、海纳百川的民族，在漫长历史进程中，不断学习他人的好东西，把他人的好东西化成我们自己的东西，这才形成我们的民族特色。"也正因如此，中华文明才能在漫长的历史时期里，保持自己的生机和活力。从历史上的佛教东传、"伊儒会通"，到近代以来的"西学东渐"、新文化运动、马克思主义和社会主义思想传入中国，再到改革开放以来全方位对外开放，中华文明始终在兼收并蓄中历久弥新。佛教在公元前后传入中国内地，经历格义、比附、会通、融合后，逐步适应中国社会，儒释道逐渐合流。习近平主席曾在联合国教科文组织总部演讲时特别阐述了佛教中国化之历程："佛教产生于古代印度，但传入中国后，经过长期演化，佛教同中国儒家文化和道家文化融合发展，最终形成了具有中国特色的佛教文化，给中国人的宗教信仰、哲学观念、文学艺术、礼仪习俗等留下了深刻影响……中国人根据中华文化发展了佛教思想，形成了独特的佛教理论，而且使佛教从中国传播到了日本、韩国、东南亚等地。"海纳百川，有容乃大。中华文明是在同其他文明不断交流互鉴中形成的开放包容体系。中华文明兼收并蓄、永续发展的例子足以说明，只要秉持开放包容精神，就不存在什么"文明冲突"，就可以实现文明和谐。要树立你中有我、我中有你的命运共同体意识，跳出小圈子与零和博弈思维，树立大家庭和合作共赢理念，摒弃意识形态争论，跨越文明冲突陷阱，相互尊重各国自主选择的发展道路和模式，让世界多样性成为人类社会进步的不竭动力、人类文明多姿多彩的天然形态。"太山不让土壤，故能成其大；河海不择细流，故能就其深。"一个更加开放包容的世界，能给各国带来更广阔的发展空间，给人类带来更繁荣的未来。开放包容、互利共赢才是人间正道。

2. 秉持开放包容，就是要更加积极主动地学习借鉴人类创造的一切优秀文明成果。无论是对内提升先进文化的凝聚力感召力，还是对外增强中华文明的传播力影响力，都离不开融通中外、贯通古今。

秉持开放包容，就必须有一个宽广的视角，需要放到古今中西发展的大历史中去看。人类社会每一次重大跃进，人类文明每一次重大发展，都离不开知识变革和思想先导。从西方历史看，古代希腊、古代罗马时期，产生了苏格拉底、柏拉图、亚里士多德、西塞罗等人的思想学说。文艺复兴时期，产生了但丁、薄伽丘、达·芬奇、拉斐尔、哥白尼、布鲁诺、伽利略、莎士比亚、托马斯·莫尔、康帕内拉等一批文化和思想大家。他们中很多人是文艺巨匠，但他们的作品深刻反映了他们对社会构建的思想认识。英国资产阶级革命、法国资产阶级革命、美国独立战争前后，产生了霍布斯、洛克、伏尔泰、孟德斯鸠、卢梭、狄德罗、爱尔维修、潘恩、杰弗逊、汉密尔顿等一大批资产阶级思想家，形成了反映新兴资产阶级政治诉求的思想和观点。马克思主义的诞生是人类思想史上的一个伟大事件，而马克思主义则批判吸收了康德、黑格尔、费尔巴哈等人的哲学思想，圣西门、傅立叶、欧文等人的空想社会主义思想，亚当·斯密、大卫·李嘉图等人的古典政治经济学思想。可以说，没有18、19世纪欧洲哲学社会科学的发展，就没有马克思主义的形成和发展。20世纪以来，社会矛盾不断激化，为缓和社会矛盾、修补制度弊端，西方各种各样的学说都在开药方，包括凯恩斯主义、新自由主义、新保守主义、民主社会主义、实用主义、存在主义、结构主义、后现代主义等，这些既是西方社会发展到一定阶段的产物，也深刻影响着西方社会。中华文明历史悠久，从先秦子学、两汉经学、魏晋玄学，到隋唐佛学、儒释道合流、宋明理学，经历了数个学术思想繁荣时期。在漫漫历史长河中，中华民族产生了儒、道、墨、名、法、阴阳、农、杂、兵等各家学说，涌现了老子、孔子、庄子、孟子、荀子、韩非子、董仲舒、王充、何晏、王弼、韩愈、周敦颐、程颢、程颐、朱熹、陆九渊、王守仁、李贽、黄宗羲、顾炎武、王夫之、康有为、梁启超、孙中山、鲁迅等一大批思想大家，留下了浩如烟海的文化遗产。中国古代大量鸿篇巨制中包含着丰富的哲学社会科学内容、治国理政智慧，为古人认识世界、改造世界提供了重要依据，也为中华文明提供了重要内容，为人类文明作出了重大贡献。鸦片战争后，随着列强入侵和国门被打开，我国逐步成为半殖民地半封建国家，西方思想文化和科学知识随之涌入。自那以后，我们的国家和民族经历了刻骨铭心的惨痛历史，中华传统思想文化经历了剧烈变革的阵痛。为了寻求救亡图存之策，林则徐、魏源、严复等人把眼光转向西方，从"师夷长技以制夷"到"中体西用"，从洋务运动到新文化运动，西学被翻译介绍到我国，不少人开始用现代社会科学方法来研究我国社会问题。特别是十月革命一声炮响，给中国送来了马克思列宁主义。陈独秀、李大钊等人积极传播马克思主义，倡导运用马克思主义改造中国社会。许多进步学者运用马克思主义进行哲学社会科学研究。在长期实践探索中，产生了郭沫若、李达、艾思奇、翦伯赞、范文澜、吕振羽、马寅初、费孝通、钱钟书等一大批名家大师，为我国学术思想理论发展进行了开拓性努力。

3. 经过长期努力，我们比以往任何一个时代都更有条件破解"古今中西之争"，也比以往任何一个时代都更迫切需要一批熔铸古今、汇通中西的文化成果。我们必须坚持马克思主义中国化时代化，传承发展中华优秀传统文化，促进外来文化本土化，不断培育和创造新时代中国特色社会主义文化。

新时代我们要不断培育和创造新时代中国特色社会主义文化，就必须善于融通古今中外各种资源，特别是要把握好三方面资源。一是马克思主义的资源，包括马克思主义基本原理，马克思主义中国化形成的成果及其文化形态，如党的理论和路线方针政策，中国特色社会主义道路、理论体系、制度，我国经济、政治、法律、文化、社会、生态、外交、国防、党建等领域形成的思想和成果。这是中国特色哲学社会科学的主体内容，也是中国特色哲学社会科学发展的最大增量。二是中华优秀传统文化的资源，这是中国特色哲学社会科学发展宝贵而充沛的思想源泉。三是国外哲学社会科学的资源，包括世界所有国家哲学社会科学取得的积极成果，这可以成为中国特色哲学社会科学的有益滋养。绵延几千年的中华文化，是中国特色哲学社会科学成长发展的深厚基础。我们说要坚定中国特色社会主义道路自信、理论自信、制度自信，说到底是要坚定文化自信。文化自信是更基本、更深沉、更持久的力量。历史和现实都表明，一个抛弃了或者背叛了自己历史文化的民族，不仅不可能发展起来，而且很可能上演一场历史悲剧。中华民族有着深厚文化传统，形成了富有特色的思想体系，体现了中国人几千年来积累的知识智慧和理性思辨。这是我国的独特优势。中华文明延续着我们国家和民族的精神血脉，既需要薪火相传、代代守护，也需要与时俱进、推陈出新。要加强对中华优秀传统文化的挖掘和阐发，使中华民族最基本的文化基因与当代文化相适应、与现代社会相协调，把跨越时空、超越国界、富有永恒魅力、具有当代价值的文化精神弘扬起来。要推动中华文明创造性转化、创新性发展，激活其生命力，让中华文明同各国人民创造的多彩文明一道，为人类提供正确精神指引。要围绕我国和世界发展面临的重大问题，着力提出能够体现中国立场、中国智慧、中国价值的理念、主张、方案。我们不仅要让世界知道"舌尖上的中国"，还要让世界知道"学术中的中国""理论中的中国""哲学社会科学中的中国"，让世界知道"发展中的中国""开放中的中国""为人类文明作贡献的中国"。

强调中华优秀传统文化并不是要排斥其他国家的学术研究成果，而是要在比较、对照、批判、吸收、升华的基础上，使中华文化更加符合当代中国和当今世界的发展要求，越是民族的越是世界的。解决好中国问题，就有更强能力去解决世界性问题；把中国实践总结好，就有更强能力为解决世界性问题提供思路和办法。这是由特殊性到普遍性的发展规律。我们既要立足本国实际，又要开门搞研究。对人类创造的有益的理论观点和学术成果，我们应该吸收借鉴，但不能把一种理论观点和学术成果当成"唯一准则"，不能企图用一种模式来改造整个世界，否则就容易滑入机械论的泥坑。一些理论观点和学术成果可以用来说明一些国家和民族的发展历程，在一定地域和历史文化中具有合理性，但如果硬要把它们套在各国各民族头上、用它们来对人类生活进行格式化，并以此为裁判，那就是荒谬的了。对国外的理论、概念、话语、方法，要有分析、有鉴别，适用的就拿来用，不适用的就不要生搬硬套。批判精神是马克思主义最可贵的精神品质。对一切有益的知识体系和研究方法，我们都要研究借鉴，不能采取不加分析、一概排斥的态度。马克思、恩格斯在建立自己理论体系的过程中就大量吸收借鉴了前人创造的成果。对现代社会科学积累的有益知识体系，运用的模型推演、数量分析等有效手段，我们也可以用，而且应该好好用。需要注意的是，在采用这些知识和方法时不要忘了老祖宗，不要失去了科学判断力。马克思写的《资本论》、列宁写的《帝国主义论》、毛泽东同志写的系列农村调查报告等著作，都运用了大量统计数字和田野调查材料。解决中国的问题，提出解决人类问题的中国方案，要坚持中国人的世界观、方法论。如果不加分析把国外学术思想和学术方法奉为圭臬，一切以此为准绳，那就没有独创性可言了。如果用国外的方法得出与国外同样的结论，那也就没有独创性可言了。要推出具有独创性的研究成果，就要从我国实际出发，坚持实践的观点、历史的观点、辩证的观点、发展的观点，在实践中认识真理、检验真理、发展真理。习近平总书记指出："要坚持古为今用、洋为中用，融通各种资源，不断推进知识创新、理论创新、方法创新。我们要坚持不忘本来、吸收外来、面向未来，既向内看、深入研究关系国计民生的重大课题，又向外看、积极探索关系人类前途命运的重大问题；既向前看、准确判断中国特色社会主义发展趋势，又向后看、善于继承和弘扬中华优秀传统文化精华。"

三、坚持守正创新，赓续历史文脉、谱写当代华章

1. 对文化建设来说，守正才能不迷失自我、不迷失方向，创新才能把握时代、引领时代。

中华民族是守正创新的民族，中华文明有着守正创新的传统，中国历代文献对此屡有记载，"政者，正也""殷因于夏礼，所损益可知也；周因于殷礼，所损益可知也。其或继周者，虽百世可知也"（《论语》），"凡议必先立隆正，然后可也"（《荀子》），"循法守正者见侮于世，奢溢僭差者谓之显荣"（《史记》），"君子独处守正"（《汉书》），"在位明察守正"（《后汉书》）等；"苟日新，日日新，又日新"（汤之《盘铭》），"革，去故也。鼎，取新也""日新之谓盛德"（《周易》），"周虽旧邦，

其命维新"（《诗经》），中华民族世代承继一以贯之的守正创新传统，推动了中华文明数千年的伟大历史实践。中华民族是历经磨难、不屈不挠的伟大民族。中华民族历史上经历过很多磨难，但从来没有被压垮过，而是愈挫愈勇，不断在磨难中成长、从磨难中奋起，中华文化成为世界上唯一绵延不断且以国家形态发展至今的伟大文明，这充分证明了中华文明具有自我发展、回应挑战、开创新局的旺盛生命力，中华民族具有守正的韧性和定力，具有创新的闯劲和斗志。正如习近平总书记所言："无论时代如何发展，我们都要激发守正创新、奋勇向前的民族智慧。"回望五千多年中华文明史，"守正创新"一直是其中的精神内核和精华所在。

2. 守正，守的是马克思主义在意识形态领域指导地位的根本制度，守的是"两个结合"的根本要求，守的是中国共产党的文化领导权和中华民族的文化主体性。

中国共产党是用马克思主义武装起来的先进政

党，我们党一经成立，就把马克思主义写在自己旗帜上。毛泽东同志在一届全国人大一次会议上鲜明指出："领导我们事业的核心力量是中国共产党。指导我们思想的理论基础是马克思列宁主义。"这既是中国共产党及其领导的人民事业永远立于不败之地的根本原则，也是我国意识形态领域的根本遵循。20世纪苏东剧变，世界社会主义运动遭受严重挫折。"历史终结论""社会主义失败论""马克思主义过时论"甚嚣尘上，对此邓小平同志非常坚定："不要惊慌失措，不要认为马克思主义就消失了，没用了，失败了。哪有这回事！""我坚信，世界上赞成马克思主义的人会多起来的，因为马克思主义是科学。"近些年来，国内外有些舆论提出中国现在搞的究竟还是不是社会主义的疑问，有人说是"资本社会主义"，还有人干脆说是"国家资本主义""新官僚资本主义"。有的人认为时代变了，马克思主义"过时"了。这些都是完全错误的。无论时代如何变迁、科学如何进步，马克思主义依然显示出科学思想的伟力，依然占据着真理和

道义的制高点。习近平总书记指出："时代在变
化，社会在发展，但马克思主义基本原理依然是科
学真理。尽管我们所处的时代同马克思所处的时代
相比发生了巨大而深刻的变化，但从世界社会主义
五百年的大视野来看，我们依然处在马克思主义所
指明的历史时代。这是我们对马克思主义保持坚定
信心、对社会主义保持必胜信念的科学根据。马克
思主义就是我们党和人民事业不断发展的参天大树
之根本，就是我们党和人民不断奋进的万里长河之
泉源。背离或放弃马克思主义，我们党就会失去灵
魂、迷失方向。在坚持以马克思主义为指导这一根
本问题上，我们必须坚定不移，任何时候任何情况
下都不能动摇。"马克思主义尽管诞生在一个半多
世纪之前，但历史和现实都证明它是科学的理论，
迄今依然有着强大生命力。马克思主义深刻揭示了
自然界、人类社会、人类思维发展的普遍规律，为
人类社会发展进步指明了方向；马克思主义坚持实
现人民解放、维护人民利益的立场，以实现人的自
由而全面的发展和全人类解放为己任，反映了人类

对理想社会的美好憧憬；马克思主义揭示了事物的本质、内在联系及发展规律，是"伟大的认识工具"，是人们观察世界、分析问题的有力思想武器；马克思主义具有鲜明的实践品格，不仅致力于科学"解释世界"，而且致力于积极"改变世界"。在人类思想史上，还没有一种理论像马克思主义那样对人类文明进步产生了如此广泛而巨大的影响。

马克思主义进入中国，走过了一个逐步中国化的过程。在革命、建设、改革各个历史时期，我们党坚持马克思主义基本原理同中国具体实际相结合，运用马克思主义立场观点方法研究解决各种重大理论和实践问题，不断推进马克思主义中国化，创立了毛泽东思想、邓小平理论，形成了"三个代表"重要思想、科学发展观，创立了习近平新时代中国特色社会主义思想，指导党和人民取得了新民主主义革命、社会主义革命和社会主义建设、改革开放、新时代的伟大成就。党的十九届四中全会通过的《中共中央关于坚持和完善中国特色社会主义制度、推进国家治理体系和治理能力现代化若干重大问题的决定》明确指出："坚持马克思主义在意识形态领域指导地位的根本制度。全面贯彻落实习近平新时代中国特色社会主义思想，健全用党的创新理论武装全党、教育人民工作体系，完善党委（党组）理论学习中心组等各层级学习制度，建设和用好网络学习平台。深入实施马克思主义理论研究和建设工程，把坚持以马克思主义为指导全面落实到思想理论建设、哲学社会科学研究、教育教学各方面。加强和改进学校思想政治教育，建立全员、全程、全方位育人体制机制。落实意识形态工作责任制，注意区分政治原则问题、思想认识问题、学术观点问题，旗帜鲜明反对和抵制各种错误观点。"坚持马克思主义在意识形态领域指导地位的根本制度，是近代以来我国发展历程赋予的规定性和必然性。在我国，如果马克思主义在意识形态领域失去指导地位，那么在前进道路上就会失去灵魂、迷失方向，最终会犯无可挽回的颠覆性错误。党的十八大以来，在强调把马克思主义基本原理同中国具体实际相结合基础上，我们党又明确提出

"第二个结合"，这是我们在探索中国特色社会主义道路中得出的规律性认识。这是在五千多年中华文明深厚基础上开辟和发展中国特色社会主义，把马克思主义基本原理同中国具体实际、同中华优秀传统文化相结合是必由之路。"第二个结合"是又一次的思想解放，是我们党对马克思主义中国化时代化历史经验的深刻总结，是对中华文明发展规律的深刻把握，表明我们党对中国道路、理论、制度的认识达到了新高度，表明我们党的历史自信、文化自信达到了新高度，表明我们党在传承中华优秀传统文化中推进文化创新的自觉性达到了新高度。"两个结合"的重要论述，鲜明凸显了中国共产党的文化领导权和中华民族的文化主体性。这一主体性是中国共产党带领中国人民在中国大地上建立起来的；是在创造性转化、创新性发展中华优秀传统文化，继承革命文化，发展社会主义先进文化的基础上，借鉴吸收人类一切优秀文明成果的基础上建立起来的；是通过把马克思主义基本原理同中国具体实际、同中华优秀传统文化相结合建立起来的。

创立习近平新时代中国特色社会主义思想就是这一
文化主体性的最有力体现。有了文化主体性，就有
了文化意义上坚定的自我，文化自信就有了根本依
托，中国共产党就有了引领时代的强大文化力量，
中华民族和中国人民就有了国家认同的坚实文化基
础，中华文明就有了和世界其他文明交流互鉴的鲜
明文化特性。

3. 创新，创的是新思路、新话语、新机
制、新形式，要在马克思主义指导下真正做
到古为今用、洋为中用、辩证取舍、推陈出
新，实现传统与现代的有机衔接。新时代的
文化工作者必须以守正创新的正气和锐气，
赓续历史文脉、谱写当代华章。

创新性是中华文明的突出特性，中华文明是革
故鼎新、辉光日新的文明，静水深流与波澜壮阔交
织。连续不是停滞、更不是僵化，而是以创新为支
撑的历史进步过程。中华民族始终以"苟日新，
日日新，又日新"的精神不断创造自己的物质文

明、精神文明和政治文明，在很长的历史时期内作为最繁荣最强大的文明体屹立于世。中华文明的创新性，从根本上决定了中华民族守正不守旧、尊古不复古的进取精神，决定了中华民族不惧新挑战、勇于接受新事物的无畏品格。在百余年的奋斗中，党在每一个历史时期都创造了与时代相适应的科学理论，指引党和人民事业不断从胜利走向胜利，确保党始终走在时代前列、始终立于不败之地。实践没有止境，理论创新也没有止境。不断谱写马克思主义中国化时代化新篇章，是当代中国共产党人的庄严历史责任。要立足基本国情，顺应新时代新征程形势任务发展变化的新要求，紧贴亿万人民创造性实践，聚焦实践遇到的新问题、改革发展稳定存在的深层次问题、人民群众急难愁盼问题、国际变局中的重大问题、党的建设面临的突出问题，不断回答中国之问、世界之问、人民之问、时代之问。当代中国正在经历人类历史上最为宏大而独特的实践创新，改革发展稳定任务之重、矛盾风险挑战之多、治国理政考验之大都前所未有，世界百年未有之大变局深刻变化前所未有，提出了大量亟待回答的理论和实践课题。推进马克思主义中国化时代化的任务不是轻了，而是更重了。我们要准确把握时代大势，勇于站在人类发展前沿，聆听人民心声，回应现实需要，坚持解放思想、实事求是、守正创新，更好把坚持马克思主义和发展马克思主义统一起来，坚持用马克思主义之"矢"去射新时代中国之"的"。习近平总书记在中央政治局第六次集体学习时指出，马克思主义中国化时代化这个重大命题本身就决定，我们决不能抛弃马克思主义这个魂脉，决不能抛弃中华优秀传统文化这个根脉。坚守好这个魂和根，是理论创新的基础和前提。理论创新必须讲新话，但不能丢了老祖宗，数典忘祖就等于割断了魂脉和根脉，最终会犯失去魂脉和根脉的颠覆性错误。我们必须坚持马克思主义这个立党立国、兴党兴国之本不动摇，坚持植根本国、本民族历史文化沃土发展马克思主义不停步，坚定历史自信、文化自信，坚持古为今用、推陈出新，以马克思主义为指导对中华五千多年文明宝库进行全面挖掘，用马克思主义激活中华优秀传统文化中富有生命力的优秀因子并赋予新的时代内涵，将中华民族的伟大精神和丰富智慧更深层次地注入马克思主义，有效把马克思主义思想精髓同中华优秀传统文化精华贯通起来，聚变为新的理论优势，不断攀登新的思想高峰。我们要拓宽理论视野，以海纳百川的开放胸襟学习和借鉴人类社会一切优秀文明成果，在"人类知识的总和"中汲取优秀思想文化资源来创新和发展党的理论，形成兼容并蓄、博采众长的理论大格局大气象。因此，在前进道路上我们要继续推进马克思主义基本原理同中国具体实际相结合、同中华优秀传统文化相结合，使马克思主义呈现出更多中国特色、中国风格、中国气派，不断赋予科学理论鲜明的中国特色，不断夯实马克思主义中国化时代化的历史基础和群众基础，不断开辟马克思主义中国化时代化新境界，让马克思主义在中国牢牢扎根。

习近平总书记在党的二十大报告中强调："必须坚持守正创新。我们从事的是前无古人的伟大事业，守正才能不迷失方向、不犯颠覆性错误，创新才能把握时代、引领时代。我们要以科学的态度对待科学、以真理的精神追求真理，坚持马克思主义基本原理不动摇，坚持党的全面领导不动摇，坚持中国特色社会主义不动摇，紧跟时代步伐，顺应实践发展，以满腔热忱对待一切新生事物，不断拓展认识的广度和深度，敢于说前人没有说过的新话，敢于干前人没有干过的事情，以新的理论指导新的实践。"历史表明，社会大变革的时代，一定是文化大发展大繁荣的时代。当代中国正经历着我国历史上最为广泛而深刻的社会变革，也正在进行着人类历史上最为宏大而独特的实践创新。这种前无古人的伟大实践，必将给理论创造、文化创新、学术繁荣提供强大动力和广阔空间。这是一个需要理论而且一定能够产生理论的时代，这是一个需要思想而且一定能够产生思想的时代。我们不能辜负了这个伟大的时代。自古以来，中国知识分子就有"为天地立心，为生民立命，为往圣继绝学，为万世开太平"的志向和传统。新时代一切有理想、有抱负的文化工作者都应该立时代之潮头、通古今之变化、发思想之先声，积极为党和人民述学立论、建言献策，担负起历史赋予的光荣使命。对历史最好的继承就是创造新的历史，对人类文明最大的礼敬就是创造人类文明新形态。新时代的文化工作者必须勇担使命、奋发有为，共同努力创造属于我们这个时代的新文化，建设中华民族现代文明！